司馬遷和他的《史記》

姚大力 著

中華書局

目錄

談古論今第一人——司馬遷和他的《史記》

附錄

談古論今第一人

——司馬遷和他的《史記》

一、被下獄的太史令

漢武帝天漢二年（公元前九十九年），正好也就是武帝封禪之後的第十年，在蒙古草原的西北山地，兩支軍隊遭遇了。其中一方是西漢將領李陵所率領的五千步兵，而另一方則是漢朝的宿敵——匈奴單于親自率領的三萬鐵騎。

五千步卒面對三萬騎兵，這個仗怎麼打？讓我們想不到的是，處於絕對劣勢的漢軍，居然差一點就擊敗了人數和裝備都遠勝於自己的匈奴軍隊。不幸的是，漢軍的虛實被一個投降匈奴的俘虜捅給了本來已打算棄戰撤軍的單于。這支孤軍深入的西漢遠征部隊最終全軍覆沒。更讓人八輩子都猜不到的是，這一場戰役的結果，徹底改變了中國歷史上偉大的歷史學家，也就是我們故事的主人公司馬遷後半生的命運。

那麼到底發生了什麼呢？

雄才大略的漢武帝，憑借西漢自開國以來休養生息七十餘年所累積下來的雄厚國力，於元光六年（前一二九）主動出擊匈奴，拉開了長達數十年的對匈奴戰爭的序幕。從那時起到天漢二年，每次主要的軍事行動，出動的兵力均不下於一萬騎兵。其中有兩次著名的遠征，更是達到十萬騎兵的規模。為什麼獨獨在天漢二年，西漢竟會派出一支人數只有五千，而且全是步兵的軍隊深入匈奴？

這要從率領這支軍隊的將軍——李陵說起。李陵是西漢名將、「飛將軍」李廣的孫子。李家自李廣以下，三世為將，具有令名。李廣一生都在與匈奴作戰，自稱「自結發與匈奴大小七十餘戰」。他曾擔任右北平的太守，匈奴畏懼，數歲不敢犯邊。「飛將軍」的外號就反映了匈奴對這位勁敵的畏懼和尊敬。李廣之子李敢，曾從驃騎將軍霍去病出擊匈奴左賢王，力戰奪得左賢王的旗鼓，殺敵甚多。他因此獲得關內侯的爵位，是西漢二十等爵位裏僅次於通侯的最高級爵號。身為名將之後的李陵被武帝任命為建章宮監，騎射皆精，愛士卒，能得人死力。

天漢二年，武帝決定再次進攻匈奴，派遣貳師將軍李廣利率三萬騎兵從酒泉出發，擊匈奴右賢王於天山。這時李陵正好領兵戍守在李廣利大軍出發的酒泉、張掖一帶。武帝想讓李陵為李廣利護衛輜重，但是李陵滿心不願意。這又是為什麼呢？

原來，李廣利本來與他哥哥李延年同為武帝的樂師。他們的妹妹長得很漂亮，是漢武帝的寵姬。這就是說，李廣利和他之前的衛青、霍去病一樣，是靠着裙帶關係才得到漢武帝的照顧，由以成為率領千軍萬馬的大將軍。在這之前不久，武帝為幫助李廣利建功封侯，曾派他做統帥出征西域的大宛國（首都在今烏茲別克斯坦的費爾干納）。他雖然打了勝仗，但是因為不愛惜部下，軍隊的損失很大。雖然可以借這場勝仗封他一個「海西侯」，但連武帝自己都知道，李廣利因此封侯，不足以使天下心服。所以武帝接下來又命令李廣利帶三萬騎兵征討匈奴的右賢王，並讓李陵配合李廣利的軍事行動。

李陵身為將門之後，自然不屑跟在皇帝的這個平庸無能的大舅子後面走。他向漢武帝要求自為一軍，單獨行動，以分散、牽制匈奴的兵力。漢武帝大概也察覺到了李陵對李廣利的輕視，說：「你不願意受李廣利的節制嗎？我派出的軍隊已經太多，再也沒有騎兵可以派給你了！」不料李陵豪邁地回答：「不用騎兵，臣願率五千步卒直搗單于王庭！」武帝被李陵的壯勇打動，於是答應了他的請求。武帝曾指派另一名將軍路博德掩護李陵。路博德也不甘心做李陵的後援，七搞八搞，他後來竟被另外調遣。這樣李陵的五千步兵就成了一支深蹈不測之險的孤軍！

李陵面對的，是由匈奴的最高統治者單于親自率領的三萬騎兵。單于在兵力上佔據了絕對優勢，便下令對李陵的軍隊發動進攻。不料這五千漢軍異常勇猛，非但打退了匈奴騎兵的衝鋒，還乘勝追擊，殺敵數千人。單于這才知道遇到了勁敵，連忙益兵至八萬騎，圍攻李陵。李陵且戰且走，慢慢向漢朝邊塞撤退。匈奴也緊追不舍，戰鬥最激烈時一天交戰數十回。單于越追越沒有信心：八萬騎兵打五千步兵，非但拿不下，還搞得自己傷亡慘重；更可疑的是，這支小部隊似乎是在把自己往南面引。難道漢軍在邊塞附近設了埋伏？他是否正在往人家的口袋裏鑽？單于猶豫起來，打算停止對漢軍的追擊。

但是就在這個節骨眼上，李陵的軍中出了一個叛將。大概實在沒有再苦戰下去的勇氣，他投奔到匈奴一邊。這一來，單于就完全掌握了李陵的底牌：他既沒有後援，而且箭也快用完了。匈奴軍隊現在毫無後顧之憂，死死咬住李陵不放。漢軍的箭全部用盡，斬斷車輪的輻條作為武器，連軍中的文員都手持短刀上陣搏殺。最後一場鏖戰後的夜晚，李陵試圖突圍失敗，部隊被完全打散。只有三四百人陸續逃回到漢朝邊塞。李陵回想當初的豪言壯語，反觀眼下兵敗如山倒的局面，深感沒臉回去見漢武帝，便投降了匈奴。

李陵之降，不但給他本人和他的家庭造成巨大的悲劇，他的案子還把當時正在宮廷裏擔任「太史令」官職的司馬遷也一起牽連了進去。

李陵兵敗前，曾派遣校尉陳步樂向武帝匯報軍情。陳步樂說，李陵深得士卒之心，這支遠征軍士氣高昂。那時武帝非常高興，公卿王侯都爭先恐後地讚揚武帝有知人之明，朝中一片歌功頌德之聲。漢軍覆亡的消息傳來，他們立即變了一副面孔，紛紛指責李陵。漢武帝為向遠方的李陵施加壓力，所以把他的老母親和妻子抓到首都看管起來，欲驅促李陵以死報國。但是不久便獲得進一步的消息，說李陵已經投降。他非常失望，變得鬱悶寡言，食不知味。群臣見皇帝如此，更加惶恐憂懼，不知所措。

面對這樣的情景，一種仗義執言的衝動在司馬遷胸中像潮水一樣地起伏漲落。他與世代出名將的李家並沒有很深的交往，但也不是毫無因緣的陌路人。李廣在司馬遷最初進入漢武帝的內廷擔任郎中時，剛剛離開統領郎中的長官，即郎中令的職位；而接任李廣、成為司馬遷頂頭上司的人，就是李廣的兒子李敢。李廣之孫李陵又與他同在內朝做侍衛性質的官，可以算半個同事。因此可以說，司馬遷一直是在不遠處默默地關注着這一家子所遭遇的不尋常的命運。對李廣被迫自殺、李敢又因衝撞衛青而被霍去病害死，司馬遷大概一向懷有不平之心。如今李陵孤軍深入，作戰到矢盡力竭才被迫投降，而那班貪生怕死、卑鄙勢利的「全軀保妻子之臣」就忙着對李陵落井下石。這更使司馬遷為李陵感到不公平。他的俠義心腸一定是在激勵着他，使他不能對此報以沉默。另一方面，看到皇帝一副「慘愴怛悼」的樣子，他也很想為皇帝分憂解愁，來報答武帝提拔他為太史令的知遇之恩。

恰恰在這時候，漢武帝問起他對這件事有什麼看法。司馬遷滿心以為這是一個替李陵說幾句公道話、並且好好安慰一下武帝本人的良機，所以就把自己鬱積多日的話一股腦兒倒將出來了。他對武帝的話，大意是說：李陵平素對同僚「絕甘分少」（無爭利之心，取少予多），與士卒同甘共苦，所以士兵們都肯用命效死。古代名將所能做到的也不過如此。他雖然投降，看他的意圖，無非是想尋找適當的時機，報答皇帝對他的恩遇。這實在是無可奈何的選擇。再說，他擊敗匈奴的戰功，也足以向天下表白自己奮力報國的心跡了。

如果司馬遷只是強調李陵有「國士之風」，他的投降不過是留有用之身以圖後報，情況或許還不會像後來發生的那般糟。但是司馬遷的心裏少了一根弦。為說動武帝，他還在那裏竭力讚揚李陵的戰功。這就正好觸痛了被武帝刻意隱藏着的他的一個心病！

和李陵同時出塞進攻匈奴的，還有漢武帝的大舅子李廣利。他率領三萬騎兵從酒泉出發，擊匈奴右賢王於天山，殲敵一萬餘人。但在回來的路上中了埋伏，士卒損失十之六七。就像不久前遠征大宛一樣，李廣利又一次白白辜負了武帝一心一意為他創造的建立輝煌戰功的機會。這在武帝內心引發出一種難以言說的挫折感。在司馬遷看來，他讚揚李陵的戰功是為了告訴漢武帝，李陵已經盡了自己最大的努力，所欠的只有一死；而李陵之所以不死，又不是因為貪生怕死。但在漢武帝看來，李陵率五千步兵所創的戰績越大，就越顯得統領三萬騎兵的李廣利是何等無能。司馬遷這麼說，分明是為了打擊李廣利而有意抬高李陵！進一步去想，這也就是在指責皇帝任人唯親，用人不當，以至於真正有能力的人遭受不公平的待遇，而給國家帶來那麼大損失的無能之輩卻有過不罰，依然享受高爵厚祿。自己心裏有了鬼，就難免變得異常敏感。專制皇帝的喜怒無常，很容易地就直接轉化成當事另一方的生死之災。司馬遷被下獄了！他的一夥朋友誰也不敢出來奔走營救，甚至連去探一探監都沒有勇氣。武帝左右的親貴更沒有誰肯為他講一句話。廷訊的結果，司馬遷被定了一個「誣罔」的罪名。這是在天漢二年歲末前後。

但在定罪之後不久，情況似乎又出現了某種好轉。當漢武帝從滿腹的憤怒和猜忌中清醒過來時，他發現司馬遷的話好像也有點道理。他甚至對自己在當年的調度失當也有了些許反省。他後悔地說，其實當初應該等到李陵出塞之後，再指派路博德作他的後援。這樣，路博德就再也不敢尋找借口拒絕配合，而李陵也就不至於被置於孤立無援的危局之中了。作為補償，武帝下令慰勞逃回來的那四百多名李陵所部殘軍。天漢四年（前九十七），武帝又出動二十萬大軍，分幾路攻入蒙古草原。其中由公孫敖率領的一支，包括騎兵萬人、步卒三萬，特別奉命要注意尋找李陵，把他接回到漢朝來。可見司馬遷的勸説起了一點作用。關在監獄裏的司馬遷，以及李陵妻子老母的命運，而今全都取決於公孫敖此行的結果如何了！

不幸的是，公孫敖在草原上吃了敗仗，因此也就不可能縱橫敵方疆域去尋找李陵。更加不幸的是，他非但沒有尋獲李陵，反而帶回來一個壞消息：據一個匈奴俘虜說，李陵已在幫助匈奴訓練軍隊，以專門對付漢軍。後來的消息證明，真正幫助匈奴練兵的人，其實不是李陵，而是另一個名叫李緒的漢朝降將。但這已是後話了。由於公孫敖的這個並不確切的情報，漢武帝一年多以來正在逐漸平息下去的怒火，一下子又被吊升到頂點。李陵的母親和妻子被處死。對早已被判定的司馬遷的「誣罔」之罪進行懲處，現在終於也提上議事日程了。

「生存還是毀滅？」這個哈姆雷特式的問題，就這樣被尖銳地擱置在司馬遷面前。

二、艱難的抉擇

司馬遷的所謂「誣罔」之罪，也就是欺君之罪。這在當時是要被處以腰斬的。不過，那時放在司馬遷面前的，還可能有三種選擇。

一是拿錢來贖死罪。恰巧就在他的處罰將被執行之前，西漢政府公布了一條法令，宣布「死罪人贖錢五十萬，減死一等」。這就是說，犯了死罪的人，若出錢五十萬，便可以按照輕一等的處罰來執刑。所謂輕一等，當時指的是用竹杖責打三百杖。這條法令公布在天漢四年九月。司馬遷後來回憶說：「家貧，財賂不足以自贖。」可見上述法令在他受刑時已經存在了。有人甚至認為，它最初就是針對處罰司馬遷而頒布的。五十萬錢究竟是什麼樣一個概念呢？

西漢的官俸，也就是現在所謂官員工資，是按每年多少石穀子來衡量的。太史令是一個每年六百石的官職，實際支取數則是每月七十石。司馬遷是在武帝封禪的第三年，也就是元封三年（前一〇八）被任命為太史令的。從那時直到天漢二年被下獄，司馬遷一共做了十年的太史令。他在這十年內的總收入為八千四百石，按當日市價折合銅錢，為一百萬八千錢。也就是說，死刑的贖金，相當於司馬遷做十年太史令所得全部收入的一半。但是他實際上拿不出這麼多錢來。是不是有人肯解囊相助呢？用他自己的話來講，叫做「交遊莫救，左右親近不為一言」。也許他們怕的還不是出點錢，而是怕因為幫助了直接得罪皇帝的人而招來橫禍。因此用錢來贖死，這條路對司馬遷根本不現實。

第二種選擇是接受宮刑來代替死刑。說到這裏，就需要介紹一下，宮刑究竟是怎麼回事？它對漢朝時候的人，尤其是對漢朝的士大夫，又意味着什麼？

中國古代處罰罪犯的刑法種類，一般稱為「五刑」，由輕到重分別是墨刑（把犯罪人的額頭皮膚割開，然後在傷口處下墨汁，留下終身擦不去的墨印。又叫「黥刑」）、劓刑（割去鼻子）、刖刑（截腿，或是剜去膝蓋上的髕骨，所以又叫

「臏刑」，後來稍微減輕一點，改為斬斷左趾或右趾，叫「斷趾」，斷趾之刑在秦代十分流行）；宮刑，男子割去生殖器官即睾丸，女子則幽閉在宮中，終生不得婚配；最後一種便是死刑。死刑的執行方式除斬首外，還有「轘」（音「環」），即用四輛車或五輛車對犯人實施「車裂」，把受刑者的身首四肢活生生地撕扯開來）、椹質（即腰斬）、梟首（處死後將首級掛在高杆上示眾）等。可見最初所謂「五刑」，有四項屬於身體刑，一項是生命刑；其中沒有包括自由刑（就是用限制罪犯的人身自由來處置罪犯的徒刑）。徒刑要到秦王朝時期才比較常用。將犯人的頭發剃光，男人去築城牆（包括修築萬里長城），女人用來替官府舂穀子。

五刑裏的宮刑，在遠古時候，曾經是專門懲治淫亂的一種刑法。所以仁井田陞以為，它最初屬於「對應處罰刑」。即罪犯使用身體的什麼部位來實施犯罪，就用殘毀犯人相應部分肢體的方式來予以懲治。古代印度對偷竊者處以砍手、對在高貴的人面前放屁處以在臀部燙上烙印，也都是「對應處罰刑」。後來，宮刑逐漸地不止於用來懲治淫亂。它被視為僅次於死刑的重刑，又叫「下蠶室」。古人相信受宮刑後的瘡口若經風吹，便要感染，導致「破傷風」，所以受刑時以及受刑後的一段時間裏，必須呆在像飼養蠶繭的屋子那樣溫暖而不透風的地方。

大約在司馬遷出生之前的近三十年，漢朝政府已經頒布了廢止肉刑的明令。但從這以後刑罰執行的實際情況來看，真正停止使用的僅限於劓刑和斬斷腳趾的刑罰；黥刑與宮刑仍然在使用，儘管終究不會再像從前那樣盛行了。宮刑最終被廢除，還要等到隋朝前期，那已是在七世紀前後。隋唐時形成了一種新的「五刑」體系，包括生命刑一等，也就是死刑（分斬、絞兩種），自由刑兩等，也就是流刑和徒刑，身體刑也有兩等，即杖刑和笞刑（分別用木棍和竹板責打臀部）。所以，中國取消施加於肉體的酷刑，要比西歐社會早得多。在那裏，火刑、車刑、溺刑、剜目刑、割耳割鼻刑、斷手刑、烹刑、斷舌刑之類五花八門的肉刑，要等到十六世紀才被取消。

按中國傳統的觀念，身體髮膚都受之父母，損傷身體髮膚就是對父母的不孝。膚髮尚且不允許傷及，像宮刑這樣對身體的殘害，當然就更無法接受了！被施行這樣的刑法，成為「刀鋸之餘」，不僅是侮辱自身，而且是對父母、祖先莫大的侮辱。司馬遷說，「行莫醜於辱先，垢莫大於宮刑」，就是這個意思。常人即已無法接受，對士大夫中間的一員，更是一種無法接受的侮辱。

也就是說，這裏還有一個貴為士大夫，本應保持一種比常人更高尊嚴的問題。西漢雖緊接在暴秦的專制統治之後，但秦歷年不久，還沒有能把古代士大夫的貴族傳統完全消滅。因此當時還多少保留着一種古代流傳下來的貴族觀念，叫作「刑不上大夫」，或者叫「士可殺不可辱」。士大夫即使被認定有罪，一般也不肯接受被下獄、受監禁、面對刀筆吏盤問案情的下場。事實上，天子亦不敢輕易地就這樣處置他們。高級官員一旦有涉案嫌疑，往往便手捧「盤水加劍」（盤水表示天子執法公正如水，加劍象徵自裁），入請罪之室，等待天子發落。無論中罪、大罪，聞天子之命，即自殺身死。皇帝不會對他們加以捆綁、施以刑法，因為這樣做對他們是莫大的人生侮辱，是比逼他們自裁更為嚴厲的處罰。有的人一時下不了死的決心，或者沒有機會自裁，不幸被下獄。但在這之後，他們也常常面對法官不出一言，拒絕任何答覆，最後以絕食了卻一生。

比司馬遷晚一些，西漢有一個名儒叫蕭望之，以皇帝老師的身份被小人告發。朝廷要召他到官府問話，就派首都衞戍軍把他的住宅包圍起來。蕭望之打算自殺，妻子勸阻他。他又向身邊的學生征求意見。這學生是個「好節」之士，一口讚同導師本人的主張。蕭望之長歎一口氣說：「我曾經貴為將相，年紀也已到六十歲。老入牢獄，苟求一命，且不是太卑鄙了嗎？」他於是對學生說：「去拿絕命藥，不要再阻擋我去死。」他就這樣自殺了。

可見在這樣的時代氛圍裏，對一個士大夫來說，接受宮刑事實上比被處死更加不堪忍受。這樣看來，司馬遷也許只有走第三條路了。那就是坦然面對死刑，甚至是搶在受刑之前尋找機會自裁而死。

實情情況是，司馬遷並沒有採取上述第三種選擇。就像後來的事實所證明的那樣，他並不怕死。但他害怕身死名滅，他還有一件不容放棄的事要做。他需要活下來，以便將父子兩代的心血最終轉換為一部不朽的巨著。他為此已經花費了近十年的艱巨勞動，自覺離開這個目標的實現已經不太遙遠。所以現在他還不能死，他還需要更多的時間！

一個偉大的學者與一個同等偉大然而殘暴的專制君王，就這樣合演了一幕悲壯而荒誕的歷史劇。司馬遷終於被執行宮刑。他在同時代人們投向他的憐憫和鄙視的目光下活着。他在充滿內心衝突的痛苦中活着。他的《史記》，就是在這樣的烈火煎熬之中完成的。

不過所有這些，本來都應是後話。現在且讓我們回過頭來，從這位偉大歷史學家的幼年講起。

三、從耕讀龍門到走進長安

按秦漢時代的風氣，經常是「山東出相，山西出將」。這裏的「山」指華山，司馬遷是一個大文人，卻出在當時的「山西」。可見特立獨行的人，也可以不為風俗所限。

司馬遷出生在今陝西韓城，地在黃河之西。黃河這一段由北向南流，把橫跨陝西、山西的龍門山一劈兩半。黃河水位在這一段有很大的落差，河水形成「龍門三跌」的壯觀，然後南流而去。「鯉魚跳龍門」的故事，最早就應該產生在這裏。相傳每年三月冰雪融化時，幾千條鯉魚逆流而上，聚集在這裏，為的是躍上台階狀的河床。跳上龍門的，便成龍升天。司馬遷就是這樣一條在艱苦絕倫的逆境中躍上龍門的鯉魚。他憑他那部不朽的著作《史記》，登上了中國歷史編纂學的一座巨峰。說他是「談古論今第一人」，沒有人會覺得過分的。

他自己說，「遷生龍門」，小時候「耕牧於河、山之陽」。古時候以河之北或者山之南為陽。他的家鄉在黃河之北（其實是西）、龍門山之南，所以說是「河山之陽」。關於他這一段幼年的「耕牧」生活，我們知道得不多，他自己接着上面一句說到的，已是「十歲則誦古文」。所謂「古文」，是指的秦統一之前就流傳下來的《國語》、《左傳》等書，因為它們不是用秦朝統一後所通行的隸書體寫的，所以叫「古文」。

司馬遷學習古文，他的老師大概就應當是他自己的父親司馬談。司馬遷十歲前後，他父親已被漢武帝召到長安去，擔任的官職叫「太史丞」，後來又做了「太史令」。太史丞、太史令的職務，主要是觀察天象變化、制定曆日、為朝廷大事預測兇吉。當時人普遍認為天文現象與人世間的重大事件之間具有一種很神秘、很緊密的呼應關係，因此，連帶觀察和記錄人間社會的重大事件，或許也就屬於太史令的職責範圍。應該是在十歲上下，司馬遷結束他所謂的「耕牧」生活，遷居到了西漢首都長安，去跟在朝廷裏做太史丞的父親一起生活。由於職務的關係，司馬談對古今歷史向來十分留意。在對自己的兒子進行啟蒙教育時，他把這種興趣也深深地移植在少年司馬遷的思想裏。

是的，韓城對這個十歲上下的少年來說，已經顯得太小了一點。幸虧他有機會居住到京都長安。這應該說是他的幸運：在西漢王朝正處於迅速邁向全盛時代的當口上，他正好走進了「天下」的中心。

春秋末葉以後，華北陷入「七國爭雄」的戰爭狀態長達兩三百年。那時候，戰爭的持續時間之長，戰爭動員所涉及範圍之廣，戰爭殘酷程度之劇烈，都是空前的。所以後來人使用「戰國」兩個字來概括那個時代。這個時代好不容易由秦的統一而結束。但緊接着又發生秦始皇的暴政，秦末農民起義，以及由秦末農民起義演變而來的楚漢戰爭，一打又是近十年。秦首都咸陽被項羽燒成一片灰燼。華北是滿目瘡痍，南部中國本來還沒有獲得開發。西漢初年，政府窮到連天子都找不到四匹同樣顏色的馬來拉車，將相大臣則只好坐牛車代步。

這樣一種經濟凋敝的局面，逼得西漢前期的政府只好採用「輕傜薄賦」的「無為」政策，好讓百姓「休養生息」，從極度貧苦和疲憊的狀況中喘過一口氣來。經過五六十年的恢復，形勢才逐漸有了轉機。國家變得富庶起來，國庫裏「貫朽而不可校，太倉之粟陳陳相因」（積累的錢幣因長期不使用，以致穿在錢孔中的繩索都腐爛了；官倉裏收來的穀子長期不消費，都一批一批地變成陳穀）。經濟的復甦和發展，跟着帶來社會生活各領域的全面繁榮。它最突出的表現，就是一大批極其傑出的人物，不約而同地湧現到那時的歷史舞台上。其中有很多人直到今天仍是大名鼎鼎的。如文學家司馬相如，軍事家李廣、衞青，天文學家唐都、落下閎，外交家張騫，經學家董仲舒、孔安國，音樂家李延年，幽默大師東方朔等等。其中當然也包括我們這檔節目的主角、歷史學家司馬遷本人。所以，毫不誇張地説，公元前第二世紀的下半葉，真是一個星漢璀璨的年代。

如今，司馬遷可以在帝國的中心，親身見證這個星漢燦爛的年代了！

在司馬遷走進長安城的時候，那裏不但生活着上面提到的那一大群赫赫有名的人物，而且在長安城的天子寶座上，恰巧坐着一個把自己的天才與平庸同時都發揮到極致程度的皇帝。他就是漢武帝劉徹。他比司馬遷大十六歲，在司馬遷六歲時登上皇帝位，在位凡五十四年（前一四〇—前八十七），屬於中國歷史上在位年代最長的少數幾個皇帝之一。

上面已經說過，西漢長期奉行「無為而治」，「六十餘年，天下懷安」。武帝當朝時，國家越來越富足，社會關係也日趨複雜而活躍多變。這種情況，一方面不允許政府繼續「無為」下去；另一方面，現在要想有所作為，也有了物質和政治的基礎。這就為武帝變「無為」為「有為」，放開手去施展他在文治武功方面的雄才大略，提供了一個再恰當不過的時機。

這是中國歷史上很少幾個大開邊功的時期。武帝朝在南面平定了位於今廣東的南越政權。在西南，漢朝攻滅了雲貴高原上的滇國。於是就把西漢的南方疆域擴大到今天的中國邊界，甚至比它更南面的地方。在北方，西漢在這時連續發動了三次大規模的對匈奴戰爭，把匈奴驅逐到今天蒙古國境內的草原上。在西面，為了聯合西域各國，實現「斷匈奴右臂」的戰略設想，西漢派張騫出使今中亞地區。由此，中國人第一次詳細地了解到河西走廊西端以外那個極其廣大的地區。

在內政方面，武帝做了三件重大的事情。一是繼承前朝的政策，不動聲色地化解了漢初所封的同姓諸侯王的最後勢力。二是「獨尊儒術」，為後來的歷朝歷代定下了意識形態的基調。從孔子以來在政治上一直不吃香的儒家學說，至此獲得了長期統治中國思想領域的地位。三是通過實行鹽鐵專賣，強化中央政府的財政資源。

武帝統治時期的西漢，就以這樣一個「全盛」時代的形象，被記錄在中國的歷史裏。

雄才大略的劉徹當然還有他作為個人的另外一面。

他本是一個率性到荒唐的人。即位後的最初幾年，朝政實際上還控制在一手把他扶上皇位的太皇太后竇氏手裏，武帝事事做不得主。在鬱悶之中，他竟逐漸迷戀上在月夜喬裝，騎馬出宮，到民間胡鬧的消遣。那時他經常冒用姐夫曹壽的封號「平陽侯」，在夜裏帶了一幫人，「微服乘馬出遊」。有一次因為他的馬隊踐踏了太多的農田，激起民憤，被當作流氓團夥受到當地縣令圍捕。又有一次，他闖進民宅，看中了人家的婢女，就強迫人家陪着他在那裏宿夜。結果遭人襲擊，差一點丟了命。竇太后死去之後，他確確實實地管起天下來，大概沒有再像這般行事。但其實他還是照樣荒唐，只不過「荒唐」的形式有所改變而已。

一是貪好女色。據說他自稱可以三天不食（他在後半輩子練過辟穀），卻「不能一時無婦人」。一時者，一個時辰也。在他之前，西漢皇帝的宮室中，「宮女不過十餘，武帝時，取婦女數千人以填後宮」。宮人既多，最幸運的人也不過「數年一再遇」。他出遊各地時，也經常帶兩三百婦人，「載入後車」。

另一件荒唐事是希求長生，所以就好神仙。他自己說過，如果能像傳說裏的黃帝那樣不死而升天，那麼他丟棄妻子兒女就會如同丟棄破鞋子。《史記·封禪書》就生動地記錄了他屢次求仙，屢次失敗，至死而不悟的經過。

其三是剛愎而又深懷猜忌之心。秦始皇無理殺人，尚須有一個「入則心非，出則巷議」的說法來作理由，也就是說，至少還有「巷議」（到街頭去散布不滿或小道消息）這樣「現行」的罪名。漢武帝則可以用「腹誹」的罪名殺人。說人家犯了在肚子裏誹謗他的罪，這就真變成了「欲加之罪，何患無辭」！武帝時期的丞相，如果從他親政（也就是竇太后死後）算起，總共有十人。其中有四人病死、一人免職，還有五個都是被他處死的（自殺三人，腰斬一人，族誅一人）。公孫賀被任命為丞相時，竟至於驚恐萬狀，頓首涕泣，不敢接受官印，口稱「從今天起，我就危險了」。後來他果然被族誅。

這樣一個漢武帝，表面上講仁義，內心其實多欲而猜忌，就是司馬遷即將要侍奉的君主。他既喜愛司馬遷的才華文章，又容不得他獨立的思想與人格。因此不難理解，當司馬遷被他猜疑為是在婉轉地攻擊自己寵愛的將領兼親戚時，他會把何等的怨怒加在司馬遷頭上。

不過，剛剛到達京城長安的司馬遷還不容易看到這裏隱伏的兇險。長安城集中體現了那個時代正在迅速上升的社會財富、國家權力與文化藝術。司馬遷成為這一繁榮的見證。他在長安讀書將近十年，這期間很可能曾向當時正在首都的董仲舒、孔安國等大儒問學。在他後來的思想中，儒家影響的色彩很濃，不像他父親那樣崇尚黃老之學，也許就與董仲舒等人對他的影響有很大關係。他不但能在各種場合遇到第一流的學問家，而且或許還能因為父親的職務關係，間接地通過父親轉述，接觸到收藏在國家圖書館裏的各種書籍。那時離秦的禁書令被廢除已有幾十年，各種各樣的書籍正在被人們重新發掘出來。身處在全國文化中心，接觸這些書籍的條件，是僻居在韓城龍門這樣的小地方所萬不能比擬的。

司馬遷十九歲那年，他的家庭遷居到距長安城西北八十里的茂陵。漢代有一種制度，把天下豪強富猾遷到京城附近的諸帝陵區居住，好對他們進行就近監視。漢人把這個做法叫做「內實京師，外銷奸猾，此所謂不族而害除」。到他十九歲時，武帝為自己預修陵寢已有十二年，墓在長安西北槐里的茂鄉，所以叫「茂陵」。於是把各地的豪傑以及家產三百萬貫以上的人都遷往茂陵。司馬談一家也在這時搬遷到茂陵新居。

在茂陵新居，司馬遷親眼目睹了當時的一位大俠，叫郭解。此人年輕時曾做過很多壞事。與人交接，一不合意便動手殺人，私鑄偽錢幣，盜墓掘寶也是家常便飯。但他的運氣很好。犯了罪，不是僥幸逃脫，便是遇到大赦、免於被追究。年長之後，隨着閱歷和勢力的增加，他的行為發生很大的改變。他開始樂善好施，幫助別人後總是不願張揚；待人接物往往以德報怨，為人謙恭；生活上也很節儉。但他仗義赴難、扶弱救急的俠義心腸卻沒有改變。有一次，他姐姐的兒子仗勢欺人，聚眾酗酒時強行對一個狐朋狗友灌酒，結果打起來，被對方殺了。郭解的姐姐拒不收屍，想以此脅迫弟弟出面干預。郭解派人暗訪到那個躲藏起來的兇手，當面問明情況後說：「你殺他本沒有錯，是我的外甥理虧。」於是放走那個人，把外甥埋葬了事。這件事傳開後，他比從前更得人心了。

據說郭解的家產並沒有三百萬貫，但他還是被列入遷徙的名單中。郭解動員了朝中大將軍衞青去替他說情。武帝說，郭解雖然是一介平民，居然能支使大將軍替他說話，看來家裏不會沒有錢。結果仍被強制遷移。他到關中之後，當地豪傑，無論過去與他是否相識，都爭相和他結交。朝廷最終還是找了一個罪名把他殺掉了。

司馬遷對郭解被處死充滿了惋惜。他並不盲目崇拜所謂「俠義之士」。他說，像戰國「四君子」那樣的「俠義之士」，不過是憑借了強大的政治經濟勢力，就像是「順風而呼，聲非加疾，其勢激也」。還有一大批俠客被司馬遷稱為「豪暴」，專門欺凌貧弱，橫行霸道，是遊俠中的醜類。但在他看來，像郭解這樣的俠客，雖說為人短小，貌不及中人，也不會說話，但言必信、行必果、諾必誠，有舍生赴義的氣概，所以天下人無論社會地位高下，全都仰慕他的名聲。司馬遷讚揚郭解，很可能是把郭解一類人看作是「在鋪天蓋地的專制政治巨壓下」，為走投無路的人掙扎出來的「一條縫隙」（徐復觀語），至少使受壓制的人們能喘上一口氣。他悲哀地感歎，自從郭解死後，天下為俠者雖多，卻再沒有足以稱道的人了。

在長安讀書將近十年後，二十歲的司馬遷在父親的支持下出發，去遊歷全國各地。他要用自己的親身經歷，去驗證書上所提到的種種山河形勢和民間風情，去感受那些凝聚了沉重的歷史分量的古跡舊地。他要通過行萬里路來激發自己的歷史想像力，使從書面記載裏獲得的知識活起來、豐滿起來、立體起來，使它們真正化作能在自己腦海裏一幕一幕展演的歷史劇。

對司馬遷的出遊，還不能僅僅從「讀萬卷書，行萬里路」的角度來理解。儘管他已到了當時的政治、文化中心長安，但這個都城所在，也包括司馬遷故鄉所在的那個區域，當時恰恰又是文化底子較薄弱的地方。

秦漢帝國的核心地區在華北，華北作為核心地區又可以分為兩塊。東邊是黃河中下遊平原，西邊是渭水平原；這兩塊之間被太行山、呂梁山脈，以及由北向南流的黃河所阻隔，只有在南面互相連通。在連通兩邊的最主要一條道路上，有一個著名的關口，叫函谷關（秦漢以後函谷關湮廢，它的功能遂為更西面一點的潼關所取代）。函谷關附近，有天險華山。所以東面這一塊稱為關東，又稱山東，西面的渭水平原則稱為關中（不大稱關西，因為渭水平原四方都有關隘，將它包圍在當中。當然，通向關東的，也不只有一個函谷關。如它東南還有武關，也是一處天險要塞。劉邦從關東殺進關中，就沒有走函谷關，因為那裏有重兵把守，而是走的武關）。古代中國文化底蘊最豐厚的地區是關東。關中雖是秦統一全國的根據地，但秦在很長時期內被關東六國看作「虎狼之國」，是沒有什麼文化的。春秋戰國時文化名人，差不多沒有出於關中的。這裏本來文化底子就不厚。加上秦始皇焚典坑儒，執行得最徹底的，當然是在他統治的根據地，所以關中在文化上一向不如關東。要講歷史文化的沉澱，那優勢全不在關中，而是在關東。

在上面所說的核心地區之外，秦漢時代的次發達地區就是淮漢以南的南部中國，當時稱為楚地，又分東楚、西楚和南楚。這個廣袤的地區，在春秋戰國時期發展得極快。從政治軍事的實力來說，楚國在對抗秦國的局面裏占有一種非常特殊的地位。當時曾流傳「楚雖三戶，亡秦必楚」的說法，秦始皇死後，起來反秦的人，果然都打出楚的旗號。司馬遷因此在秦、漢之間特別插入一個「秦楚之際月表」，按月來記載這「五年之間，號令三嬗」的複雜形勢（除此之外，《史記》

裏的其他表都是按年記事的「年表」）。楚的文化也與關東傳統很不相同。老子、莊子、屈原都是楚人。只要比較一下《詩經》與「楚辭」在風格上有多麼不同（每句字數的整齊與不整齊，語氣詞的不同，鬼神氣象的有無），就不難體會兩種文化傳統之間的差異之大。漢初推行的黃老之學，它的基礎其實就是楚文化。三楚以外，那就是秦漢帝國的邊緣地帶，遠了，不去說它。

現在我們知道，關中文化從它的歷史根源、歷史積澱來說，遠不如關東地區來得豐厚發達，甚至也遠遠落在楚地文化的後面。所以，如果枯坐在關中，儘管有再多的書看，有再多的飽學之士可以請教，總還難免隔靴搔癢，缺乏真實的體驗。司馬遷的志向，本在「原始察終」、「通古今之變」、「著（彰顯）……興壞之端」。所以，對他來說，親眼看一看那些著名的故跡遺址，親耳聽一聽故老傳聞，是必不可少的。我們完全可以想像，即將開始的壯遊，將會怎樣把有關此前兩千年的記載和傳說，在司馬遷的胸臆間激發成一幕接着一幕活靈活現的歷史偉劇！

四、壯遊萬里，觀想古今

司馬遷大約從長安出發逾越秦嶺東段餘脈，經過武關這個被稱為「秦頭楚尾」的要塞，進入楚地。從那裏他溯漢水，抵達洞庭湖一帶。注入洞庭湖的沅水和湘水兩河流域，是屈原被流放的地方，所以他在〈離騷〉中說過「濟沅湘以南征」云云的話。司馬遷到那裏去，應當就是為了追尋屈原的蹤跡。接着他南下九嶷山（在今湖南、廣東交界處），為探訪傳說中大舜的葬地，再折回北面，去憑吊屈原寫下〈懷沙賦〉後自沉的汨羅江。他後來說，當他翻閱屈原的〈離騷〉、〈天問〉、〈招魂〉等篇章，想起曾身臨他自沉之地的經歷，就會看見屈原栩栩如生的樣子，禁不住垂淚涕泣。可見他對這一番實地探訪的印象之深。

司馬遷從長沙渡洞庭湖，現在就可以順流而下，抵達九江。他自己說：「余南登廬山，觀禹疏九江」。從今九江到廬山，確實要往南走一段，但說「觀禹疏九江」就不大好理解了，《尚書．禹貢》提到「九江」，但並沒有說禹在這裏治過水。所謂「禹疏九河」，按文本原意是描寫禹在華北的活動。司馬遷認為在南方可以找到大禹治水的遺跡，說明在那個時代，最初出現在華北的傳說人物堯、舜、禹的活動地域，都已經被極度地擴大了（舜葬於九嶷山之說亦同此理）。這些上古傳說裏的人物，即使在真實歷史中確有原型，那也最多不過是在遠古的華北同時存在過的上百甚至幾百個小酋邦之中勢力較大、較有名的酋長。由酋長而被提升為神話中人，由神話中人再度被「歷史化」而變為現實人間的「聖王」。經過這樣一番由人而神、又由神而人的轉換，被「還原」的已經遠遠不是轉換之初的那個人，而是要比最初的酋長強大不知道多少倍的想像中的「歷史人物」。

從廬山下來，再度順流而下，就來到江南。他所以會在今紹興尋訪「禹穴」，其中的道理也和剛剛討論過的同樣。黃帝跑到浙江南部去「升仙」、大禹南巡死於會稽，還被葬在那裏，都屬於這一性質的「集體想像」。禹的傳說和遺跡傳播到江南，很可能與越國的王族自稱是大禹後代有密切的關係。這些想像，在司馬遷的時代早已變成為被人們深信不疑的真實歷史。我們當然沒有理由要求司馬遷能夠像現代歷史學家那樣，一眼看穿它們。

從禹穴北上，司馬遷到達長江三角洲的吳國故地，訪問春申君的舊城。當時南部中國的經濟文化，其發達的程度要遠遠落後於華北核心地區。土著居民是與北方的華夏完全不一樣的人群，他們說的也不是漢語。北方的城市人口擁擠，「車轂擊（因為車太多，所以輪子的軲轆互相碰擊），人肩摩，連衽（衣服下擺）成帷，舉袂（袖口）成幕，揮汗成雨，家殷人足，志高氣揚」。所以當時的民謠說：「天下熙熙，皆為利來；天下攘攘，皆為利往。」可是南方呢？司馬遷描寫他的親眼所見說：那裏地廣人稀，盛行刀耕水耨的粗放農業；因為人口少，日用所需大半靠自然資源直接提供，既沒有發展商業的需要，也缺乏通過商業逐利的動機；人們都能勉強混日子，過得懶散苟且，無大貧，也無大富（社會分化程度很低）。正因為如此，春申故居的繁華才會給司馬遷留下特別深刻的印象。

從那裏，他到姑蘇觀看太湖，循江南水道達於長江，又渡江北行，到西漢名將韓信的故鄉淮陰。淮陰當地人告訴他，韓信貧時葬母，居然選了一塊又大又平敞的開闊山地，在旁邊預留出可安置萬戶人家、以便為母守墳的地方，可見他當初的志向就非一般人可比。

司馬遷在《史記》裏為韓信立傳，寫到過一個著名的「胯下之辱」的故事，應當就是在此時從韓信的家鄉聽來的。故事說韓信年少時，曾在大庭廣眾受到當地賣肉集市中一個惡少的欺辱。那惡少對他說：「不要看你人高個子大，又喜歡佩戴刀劍，實在是膽小鬼。你如果不怕死，就拿着刀衝我來；如果怕死，就從我褲襠下鑽過去。」韓信對這個惡少打量了一番，居然乖乖地伏下身子，跪倒在地上，一聲不吭地從惡少的褲襠下鑽過去了！說到這裏，司馬遷寫道：「整個集市的人都譏笑韓信，把他看作是一個怯懦的人。」

在這裏，司馬遷的措辭非常值得推敲。韓信不過是被那些譏笑他的人看作怯懦而已。他這樣說的真實意思是，在他看來韓信未必怯懦。那麼他這是在不加區別地讚揚卑躬屈膝的膽小鬼，或者讚揚用「以曲求伸」的借口為自己的怯懦行為辯護的卑劣人格嗎？完全不是這樣！司馬遷高度評價韓信在楚漢戰爭中不可替代的作用。他指出，正是仰仗了韓信的智勇，劉邦才能「拔趙、魏，定齊、燕，使漢三分天下有其二，以滅項籍」。韓信終以謀叛被殺，不過失算在「天下已集（已統一）」，乃謀畔逆」而已。在司馬遷看來，韓信在楚漢戰爭中所成就的奇勳偉業，甚至他後來的謀反，都證明他確實是一個心存大志的人。因此，司馬遷才會對少年韓信忍受「胯下之辱」，體會得比流俗見解更加深刻。他是從自己甘願忍受宮刑污辱的悲壯心境出發，去看待韓信的。不加分析地拿「以曲求伸」當作人生教條，經常會把人引向陰暗勢利、卑鄙齷齪的心態。這是我們應當加以警惕的。這也不是司馬遷讚揚韓信忍受「胯下之辱」的本意。

自淮陰再往北走，遂進入齊魯地區。這是秦漢時文化底蘊最深厚的地方。司馬遷說，在那裏儒學傳統已化為人的「天性」。他稱讚齊地民俗說：「洋洋哉，固大國之風也。」他在魯地參觀孔子的廟，被其中的車服禮器，以及在孔府習禮的青年學生深深地吸引了，以致流連再三，不舍得離開。從齊魯南返彭城，那一路走得不大順利。在路過薛這個地方（今山東薛城）時，他發現此地雖與鄒魯相距不遠，其民風卻暴烈少文，與鄒魯迥然不同。一打聽，他才知道這裏是戰國時孟嘗君家的世代封地。這個以「好客自喜」的貴公子在此地庇護了六萬多家「任俠奸人」，所以才會如此。

由彭城西行，進入追隨劉邦起義打天下那一幫人的故鄉，那裏還有許多人記得蕭何、曹參、樊噲、夏侯嬰事跡。特別是他還遇到了樊噲的孫子，當時失封家居，從後者嘴裏聽到許多當年的故事。他憑吊了這些功臣名將的墓。

從那裏，他穿越今河南省境，沿途考察名勝古跡。在大梁（即今開封）城的城牆廢墟處，司馬遷專門打聽所謂「夷門」的位置，這才知道就是十二城門中的東門。夷門曾因信陵君「竊符救趙」的一段故事而名聞天下。

信陵君是戰國時的魏國公子，是那時候以大批收羅俠客知名的四大公子之一。當時魏國有一個叫侯嬴的高士，窮困潦倒，隱身在大梁充當夷門的看門人。

信陵君知道這個消息後，想用很豐厚的饋贈來打動他，但被侯嬴一口拒絕。此後有一天，信陵君在家裏大擺宴席，客人都就座後，他卻翻身上車，預留着車左面的上席，親自往夷門去請監門侯生。侯生見了信陵君，提起破衣舊帽子，毫不謙讓地坐到信陵君的上首。信陵君恭恭敬敬地拉起控馭馬車的轡繩，駕車就往回走。在路上，侯生又突然說：「我有個朋友在街上的賣肉店裏，請從那裏繞一下。」到了那個肉店，侯生下車去與名叫朱亥的屠夫說話，一面不斷地察看信陵君的臉色。這時候，在信陵君的家裏，魏國的將相、宗室、賓客滿堂，都在等待信陵君舉杯請客；他的從騎心如火燎，市民們則好奇地圍着親自駕車的信陵君看熱鬧。但信陵君始終安然自若，一點沒有不耐煩的神色。監門侯生蹭足了功夫，這才辭別朱亥，跟信陵君去赴宴。信陵君把他安排在宴席上座，向全體賓客介紹自己的新客人，並親自向侯生祝酒。

侯生做信陵君的食客後不久，秦國進攻魏的同盟趙國。魏王先發兵救趙，接着因為受秦的威脅而命令援趙的魏軍統帥按兵不動。趙國形勢危急。趙國的平原君派往魏國求救的使者「冠蓋相屬」，信陵君計無所出。這時候侯生給他出了一個主意，就是著名的「竊符救趙」之計，即用替魏王愛妃尋獲她的私人仇敵作為交換，叫她偷得魏王調兵遣將的虎符。憑着這枚虎符，信陵君來到魏軍陣前，依靠侯生推薦的勇士朱亥，對見證虎符後依然不肯交出兵權的魏軍統帥實施刺殺。信陵君終於奪得十萬魏軍的指揮權，「北救趙而西卻秦」。那個侯生呢？他對信陵君說：「我受你厚恩，但因為年老，不能隨你一起去實現這番策劃。我會計算你的行程，在你到達魏國大軍的陣地之日，我將面朝你所在的北方自殺。」他果然這樣做了。

最後，司馬遷大約是通過函谷關，回到關中。

司馬遷的行程，總共兩萬多里，走了有兩三年之久。他由此而得以見識了當時被華夏文化所覆蓋的差不多全部地區。他還沒有走到吳越之地的更南方，也沒有到楚西南的邊外地區。西漢將版圖擴大到這兩塊地方，還在司馬遷漫遊關東之後。司馬遷在《史記．西南夷列傳》裏寫道：「南夷之端，見枸醬番禺；大夏杖邛竹，西夷後翦。」這段話分別說了兩件事。南越國未滅亡時，曾用一種「枸橘醬」來招待西漢使臣。據南越人說，他們是從來自今廣西、貴州地區的商販手裏獲得這種味道特別的土特產的。使臣回到關中一打聽，了解到這種枸橘的產地實際是在蜀地。西漢人這才知道從蜀地東南行，有路可以通到今廣東。他們要循這條路攻打南越，因此才有不久後從四川經略牂牁等「南夷」之地的行動。這是前一句話的意思。後一句話則說，張騫通西域歸來後說，在印度西北的大夏（在今阿姆河上遊南、北兩岸）看見用「邛竹」，即今川西南出產的竹子制造的手杖。他向當地人詢問從哪裏獲得這種手杖，才知道從今滇西有路可以經由今緬甸等國進入印度，再通往中亞。於是西漢又有了將「西夷」，即今雲南各部族括入版圖的念頭和行動。司馬遷後來作為皇帝使臣訪問過「西南夷」，是他那個時代最早對這一地區進行實地勘察的極少數人之一。

這一番出遊，對司馬遷後來寫《史記》有極大的幫助。顧炎武說，秦漢之際，兵馬出入之途曲折變化，只有司馬遷能對此了如指掌，說得一清二楚。自古史書講戰爭地形，沒有比他更詳細的。司馬遷胸中有一個天下大勢，遠非後代書生之所能及。

經過長途跋涉，歸家不多幾年之後，他即被召去做「郎中」的官，從此踏入仕途，而且是在有不少機會接近皇帝的那個圈子裏。他做郎中十年左右。而他進入仕途後的第一個上司，就是名將李廣的兒子李敢。

五、做郎中官的十年

司馬遷所擔任的郎中一職，實際就是皇帝的侍從官員。平時參與守衛宮城門戶，皇帝出巡時，就充當隨從車騎。侍從官分為三等，郎中屬於最低的一等。當時的郎中，或由高級官員的子弟入選，或由博士子弟（有點類似國立大學的大學生）中的優等生充任；此外也有立了戰功被選入宮廷的，還有一些是從家中積累了巨額資產的大戶中選用的。通過郎中官制度，皇帝可以與社會上有錢有勢的家族結成效忠君主的個人關係，很有利於收買人心，當然也能吸收一部分沒有背景的青年才俊。這些侍從人員在皇帝身邊見多識廣，又隨時被皇帝差遣出去，慢慢變得對國家大事熟悉起來。經過若干年的熏陶見習，就會被派到朝中或者地方上做官。所以郎官很像就是一個幹部培養學校，在西漢屬於走上仕宦道路的正規途徑。

上面說到，做郎官是需要一定的家庭背景或個人經歷的背景的。這些條件，司馬遷都不具備，那他又為什麼能夠做郎中呢？

司馬遷自己說，他做郎中，是「幸以先人之故」、「賴先人緒業」。那就是說，因為他父親做朝廷的太史丞，可能獲得了武帝的歡心，所以就把他的兒子任命為郎。

他被任命為郎中的時間，王國維說「其年無考」。後來，諸家有各種各樣的猜測。其中最有理有據的一種說法，應該是在他二十八歲的元狩五年（前一一八）。這樣說有兩條理由。一是元狩五年武帝重病，命一神巫在甘泉宮作法。緊接着就把他供奉在一個名叫「壽宮」的便殿裏。這本是一件很保密的事，局外人絕不知情。但司馬遷卻自言，「余入壽宮侍祠神語」。他並且明白地說，這個巫師所說，與一般人都懂的常識絕沒有任何不同，但武帝就是願意相信他。是知他顯然已在這一年隨從武帝見過這個巫師。第二條理由是，我們知道司馬遷與任安相知相善，他怎麼會認識任安呢？任安恰恰在元狩五年入宮做郎中，而且在那裏只待了一年。所以元狩五年時，司馬遷必定已經擔任郎中的官職。正因為如此，他才有了認識任安的機緣。

他何時擔任郎中為什麼就那麼重要呢？

因為恰恰是在這一年，擔任郎中的長官，也就是九卿之一的郎中令的，就是飛將李廣的兒子李敢。

李敢在這一年做郎中令，接替的是他父親李廣的位置。當時的李廣已經有一點老了，已從地方長官調入內朝，做了五年的郎中令。看到朝廷正在組織大規模的對匈奴戰爭，他的手又癢起來，再三要求到前線去打仗。所以到元狩四年，李廣受命為「前將軍」，離開郎中令的職位，從衛青出擊匈奴。衛青力圖親手擒獲匈奴單于，硬要把李廣調到側翼的方向上去。李廣爭辯說：「我身為『前將軍』，本應為全軍前鋒；而大將軍你卻把要我改調到東道側翼去。我自從束發成人以來，就與匈奴搏戰。現在總算有了當面迎擊單于的機會！請把我派在最前面，先與單于死戰。」而衛青在出發前曾暗受武帝指示，說李廣已年老命薄，恐怕不能成事，不要讓他獨當一面去對付單于。所以衞青堅持先前的命令。李廣只得快快離開主攻方向，移軍迂回包抄。因軍內無向導，他未能及時與衞青形成合圍之勢，單于由此得逃脱。衞青下令追查迷失道路的戰況。李廣不願忍受面對刀筆吏問訊的人身侮辱，於是在前線引刀自刎。「軍士大夫一軍皆哭。百姓聞之，知與不知，無老壯皆為垂涕。」

李廣的兒子李敢在那一年也隨霍去病出征，元狩五年回到朝廷，遂代李廣擔任郎中令。他痛恨衞青排擠父親，還將他逼死，因此尋機會毆打衞青。衞青自知理虧，未敢作聲。衞青的親戚霍去病，很為衞青抱不平，於是乘跟隨武帝打獵時，用箭射殺了李敢。漢武帝對此中內情心知肚明，對外卻宣布李敢在行獵時觸鹿角而死。後來，李敢的兒子李禹又因為與武帝的侍從吵架，被武帝處罰，要他與老虎搏鬥。這一家也夠倒霉的（西漢皇室好像很喜歡搞這種黑色幽默的惡作劇。武帝的祖母太皇太后竇氏，也曾叫一個她不喜歡的儒家大臣去和野豬搏鬥。幸虧當時在位的漢景帝、也就是武帝的父親，偷偷地塞了一把刀給那大臣，才保住了他的命）。

李敢任郎中令的元狩五年，正是司馬遷開始擔任郎中職務的時間。他對自己的這位上司肯定是同情的。在《史記》所描寫的對匈奴戰爭中的三個名將，即李廣、衞青和霍去病中間，司馬遷評價最高的是李廣。可以說沒有一句批評，只有好話。對衞青和霍去病則頗多委婉之辭，說他們雖然有一點才勇，但其實是以外戚貴幸用事，甚至還說，把他們寫在《佞幸列傳》裏，也是可以的。司馬遷替李廣之死抱不平，對霍去病射殺李敢也心存自己的看法。他寫的《李將軍列傳》，在以「上諱云，鹿觸殺之」結束對李敢的敍事後，又加上「居歲餘，去病死」這麼六個字。如果他不是在暗示，這是對霍去病仗勢欺人的報應，那麼把這六個字放在李敢的傳記裏就完全是多餘的。由此可見司馬遷的心態。

除了頂頭上司李敢外，在司馬遷當郎中的那段日子，他甚至與李敢的侄子李陵也算做過幾年同事。當時李陵是在另外一名「九卿」，即衞尉的部下做「建章監侍中」。司馬遷所擔任的郎官，也是屬於侍中性質的一種職務。因而他自己說，他與李陵曾「同居門下」，即同在宮廷裏做侍中。我們一向就知道，司馬遷後來站出來為戰敗降敵的李陵説話，是出於他的一副俠義心腸，因為他看不得人間竟有這麼不平的事。這當然是不錯的。我還想補充的是，他替李陵説話，其實還不止是為一個素不相識的陌路人仗義執言。他對這一家雖不熟識，卻又是熟悉的。這是一種很重要的推動力，促使他在眼看着繼李廣、李敢之後，他們的族人李陵又遭遇不公平的待遇時，忍不住要挺身而出。沒有想到的是，他卻為此惹出殺身大禍。

司馬遷任郎中前後，漢武帝開始大規模祭祀神靈和巡行郡國的活動。司馬遷作為隨行侍從，於是有了不少機會訪問名山大川、邊障雄關。從前尚未到過的地方，現在有了絕好的機會去一開眼界。這中間，有兩次行程特別值得一提，一次是他三十四歲時，跟隨武帝到長安西面的雍縣（今鳳翔）祭拜青、黃、赤、黑、白五帝，結束後又繼續向北翻越隴山（在今六盤山脈中），到隴西的空桐山，相傳為黃帝巡遊所至之處。向西一直走到祖厲河（在今甘肅東部），才返回。司馬遷於是親身體察了「塞外」的地理形勢和蒼涼風光。

到第二年，也就是三十五歲那年，他又奉武帝之命，出使巴蜀以南，那也是以前他的足跡未曾到達過的地方，司馬遷奉命出使的這一年，西漢在巴蜀周邊的外緣地帶，設置了好幾個新郡，包括越嶲、牂牁等郡。他出使之後兩年，西漢又發巴蜀之兵，攻滇國，滇國降。西漢遂擁有今滇黔全境。司馬遷此行，似乎是為了兩年後的攻滇行動考察形勢。這一次他可能是從長安西行，由關中西邊的大散關南行，沿嘉陵江上源南行，然後擇取後來所謂「劍門蜀道」到達成都，繼續西南行，由此向南渡過大渡江，到今天西昌、鹽源一帶，再渡金沙江，進入今雲南西部，就是當日的「昆明」。司馬遷後來寫《史記．西南夷列傳》時的許多信息，當來自他這一趟長途跋涉的考察。

他從西南返回關中時，應當已是次年歲首。此時，漢武帝已經從長安出遊，赴泰山舉行「封禪」大典去了。司馬遷奉令立即出發，去追趕武帝一行。但剛離開長安不久，他就在路上遇到了因重病無法繼續侍從武帝東遊，而不得不留在周南（即洛陽及其鄰近地區）的父親司馬談。

元封元年（前一一〇）正月，司馬遷從西南奉使趕回長安時，漢武帝已經出發東行，正在去泰山「封禪」的路上。所謂封禪，是指由皇帝祭拜天地的最隆重的典禮。司馬談身為太史令，本來是應該跟隨武帝一起去泰山的，但是走出關中不久他就生了重病。武帝由此東行，首先去中嶽嵩山，舉行禮祭。司馬談大約還是勉強隨行的。據說武帝在嵩山上拜祭時，群臣在山下好像聽見三聲高呼萬歲的聲音。但司馬談的病這時越來越沉重，無法再一路跟着往東走，所以就回到了「周南」，也就是洛陽。正在洛陽奄奄一息之際，他遇到了從長安匆匆趕去追隨漢武帝的司馬遷。

司馬遷在為《史記》寫的「自序」裏，詳細記錄了司馬談在「河、洛之間」對他說的那番語重心長的遺囑。司馬談說：

> 余先，周室之太史也，自上世嘗顯功名於虞、夏，典天官事，後世中衰，絕於予乎？吾復為太史，則續吾祖矣。今天子接千歲之統，封泰山，而

余不得從行，是命也夫，命也夫！余死，汝必為太史。為太史，無忘吾所欲論著矣。且夫孝始於事親，中於事君，終於立身。揚名於後世，以顯父母，此孝之大者。夫天下稱頌周公，言其能歌文武之德，宣周、邵之風，達太王、王季之思慮，爰及公劉，以尊后稷也。幽厲之後，王道缺，禮樂衰，孔子脩舊起廢，論《詩》、《書》，作《春秋》，則學者至今則之。自獲麟以來，四百有餘歲，而諸侯相兼，史記放絕。今漢興，海內一統，明主賢君、忠臣死義之士，余為太史而弗論載，廢天下之史文，余甚懼焉。汝其念哉！

所謂「自獲麟以來，四百有餘歲，而史記放絕」，意思是說，經孔子改編的魯國史記《春秋》，寫到周天子「西狩獲麟」（前四八一）為止。抓獲了被古代中國人看作瑞獸的麒麟，表示天下將有聖王出世。這本來是大好事。可是那麒麟不久又死了，表示已出世的聖王終於沒有機會能真正治理天下。所以孔子非常悲傷，不肯再把《春秋》繼續寫下去。這就叫「獲麟止筆」。兩年後，孔子本人也憂傷而死。從此，存錄天下大事的連續的歷史記載中斷長達四百年。司馬氏父子一心想要接續的，就是這一段歷史空白。

司馬遷俯首流涕，對父親發誓說：「我雖不聰敏，請容許我把您已記錄編排過的有關過去的傳聞，完整地書寫出來，絕不敢有缺漏。」洛陽相會，就這樣成為這一對鐘情於歷史學的父子之間的生死之別。

據司馬遷家族的傳說，他的先世，曾在舜在位時以及夏朝世世做「天官」，也就是觀察天文、推算日曆、預卜兇吉的巫師。傳到西周，這一支家族中有個叫程伯休甫的，在周宣王時終於失去了世代相守的「天官」一職，改任司馬，因以司馬為姓氏。這一段家譜是否完全可靠，已無法確切地知道了。春秋中葉，司馬氏離開東周去晉，以後又分為入衛國、入趙國和入秦國的三支。入趙國的那一支，就是後來兩晉皇族所從出；而司馬遷的先祖，則屬於入秦國的那一支。在司馬談之前，入秦一支中最有名的人物，要數「司馬錯諫伐蜀」裏的那個主人翁了。秦採納他的建議；平蜀後，他做了蜀郡守。司馬錯的孫子司馬靳，是秦名將白起的副將。司馬靳歷五世至司馬談，所擔任的都是一些不大的官。司馬談擔任太史丞、太史令，所以他自以為是接續了遠祖的事業。這個職務需要許多專門的知識，當日常常作為「家學」代代繼承。所以司馬談預料，他死後，兒子司馬遷一定會繼任這一官職。但他更關心的，似乎是他們父子兩人已着手從事的一件「業餘」的工作，這就是接續孔子「獲麟止筆」以來四百多年的歷史記錄，寫一部通貫古今的龐大歷史著作。所以他諄諄告誡司馬遷，自己最擔心的就是這個願望無法再實現。他一再叮囑說：你千萬要記得這件事啊！

我們今天已經很難明白地知曉，司馬談臨終之時，司馬遷究竟是仍守在他的身邊，還是早已經告別父親，重新踏上追趕漢武帝的路途了。如果司馬遷陪伴父親一直到他咽氣，那麼他恐怕很難不再歸葬關中，料理後事，這樣他就可能趕不上武帝的封禪大典。即使他決定暫時擱下喪事，以戴孝的身份參預隆重的典禮也是不大合適的。恐怕父子兩人之間當時還不是「死別」，而是「生離」。司馬談應該死於司馬遷離開洛陽東去之後。因此洛陽一會，最可能就是司馬父子的最後訣別。

六、從封泰山

所謂封禪，照司馬遷的説法，就是指在泰山頂上築土為壇祭天，以感謝天的功德，是謂「封」；在泰山腳下的梁父山築壇祭地，以報答地的功德，是謂「禪」。「封禪」之名，最古的經典（即所謂六經）裏都沒有提到。究其本原，應該是春秋戰國時在齊魯間發展和流行起來的。齊、魯是當時中國文化最發達的地方。位於兩國之間的泰山，被這裏的人們看作天下最高的山，最接近至高無上的天帝，所以也是祭祀上天最合適的地方。這種觀念發展到戰國末年和秦初漸趨成熟。按照這種觀念，一個政權如果鞏固了自己的統治，並獲得上天的正式承認，上天就會降下各種各樣的「符瑞」，亦即表示該政權已獲得天賜福運的各種吉祥信號。例如獵獲形狀像「麒麟」的獨角獸、寶鼎顯現、夜有「美光」而白天有「黃氣」、「一茅三脊」（即一片茅葉上有三根主葉脈）等等。這時候就應該舉行「封禪」典禮，以答謝天意，同時也是向人間社會表明自己受到了「天命」，或者叫做「奉天承運」。

從今人的觀點來看，封禪很容易被看作是一種愚蠢可笑的迷信和騙局（迷信和騙局經常是一而二、二而一的。統治者要欺騙別人，必得先欺騙自己，也就是自欺；自己先受騙上當，再大張旗鼓地去騙人，於是便很自然地由自欺而發展到欺人）。古代的儒家中也曾有很多人不讚成封禪。他們認為，既然儒家最權威的經典中從沒有提到過封禪，所以就不能相信這是真正的「古制」。他們堅持說，聖主不需要封禪，凡主（平庸的君主）又沒有資格封禪。所以這件事不管怎麼樣都於理無據。他們很讚許梁武帝，說他雖然是「中主」（才能中等的君主），卻能力排眾議，「毅然不為封禪之事」。

封禪的提倡者們雖然鼓吹這是一種古已有之的大典，但一直到秦始皇的手裏，才真正想到要把它拿來實行。他做皇帝三年後，帶了七十名齊魯儒生，來到泰山準備封禪。可是這個典禮究竟應該如何舉行？臨到辦事的時候，儒生博士議論紛紛。有的說要用蒲草裹住車輪，以免傷及草木；有的竟然說只要掃掃地就算祭好了，取其簡便易行。大家七嘴八舌，根本得不出什麼結論。始皇看到他們這麼不濟事，勃然大怒。於是將他們全部斥退，按自己的設想到泰山頂上行封禮，又到梁父山行禪禮。其禮節大多數參用秦國祭祀上帝的老制度，但對具體的儀式卻故意秘而不宣，免得再遭到說三道四的瞎議論。諸儒生因為不得參加，心懷怨恨。恰好秦始皇行至半山遇到大雷雨，躲在樹下，儒生就譏笑他犯了天怒。不久秦亡，又有人散布流言說，其實秦始皇當初根本就沒能爬到山頂，這是老天在阻撓他，因為他不配主持封禪這樣隆重的典禮。

那麼，秦始皇為什麼會如此熱衷地迷戀於封禪這種沒有多少歷史根據的鬧劇呢？這當然同他的迷信思想有關係，不過又不能完全用迷信思想來解釋。秦始皇所建立的專制皇帝統治下的中央集權統一國家，與西周、春秋那種以周天子為

「共主」的分封體系完全不一樣。那麼究竟應當如何向當時的人民解釋這種新制度體系、新國家制度的合法性呢？我們知道，任何政權都無法僅僅依靠暴力和鎮壓就維持下去，它總還要盡可能地說服被統治的人們，讓他們相信它的存在是合理合法的。這就需要從意識形態的角度解決國家政權合法性的問題。但是在當時的經典裏，找不到可以用來為專制主義的中央集權統一國家辯護的論據。秦始皇一心要搞封禪，就是要向天下表明，秦的統一已經獲得了上天的肯定和保佑。那些心懷不滿的儒生所以要強調秦始皇封禪沒有成功，其實也是在暗示秦帝國缺乏歷史合法性。

西漢的國家制度承秦而來。它也面臨着同樣的證明自己統治合法性的問題。到武帝時，海內升平已六十多年，家給人足。封禪不僅出於漢武帝一個人的奇思怪想，也是漢朝一代大多數儒生的心願。人們都希望能在幾百年一遇的全盛時期，親眼目睹封禪的大典。大文人司馬相如死後，朝廷到他家裏征求他留下來的著作稿件，但家裏沒有留下什麼書。問他的夫人卓文君，回答說，長卿未死時，時時著書，才寫成，就被人取去。但他確實在死前寫成一卷書，囑咐道：有使者來求書，就將它上奏朝廷。這一卷書，竟然就是請求漢武帝實行封禪典禮的奏文。如果要用打油詩來描寫這件事，可以叫「天子詔求相如書，身後惟留封禪文」。司馬遷的父親司馬談，因為患重病，無法侍從武帝親歷封禪大典，感覺是人生最大的遺憾和損失，竟大呼「這是命該如此，命該如此啊」！因此，他「發憤且卒」。可見這在當時被士大夫普遍認為是極重要、極隆重、極榮耀的事情。

這樣說起來，司馬遷對武帝封禪，究竟又是怎樣的態度？不少研究者都說，司馬遷的《史記．封禪書》是在批評武帝的迷信。這話說得有點含糊。司馬遷對封禪，其實也是讚成的。他一字一句地記錄了老父親臨死前對不能親眼目睹封禪大典的無窮遺憾，寫得差不多是字字血淚，這裏面就隱含着他本人對封禪的肯定和嚮往。另外，從《史記》所精心講述的西漢封禪的全過程，我們更可以明確看出司馬遷的態度來。

封禪是一種曠世大典。它絕不能隨便舉行，而必須等到某個特定時機才能進行。這個時機的到來必須符合以下許多條件。首先，立朝建國要符合五行相生相克的變化理論。為此，司馬遷不止一次提到過「高祖斬蛇而神母夜哭」的故事。傳說漢朝的劉邦起兵反秦前，曾經在荒野的夜行路上斬殺過一條當道的白蛇。傳說當夜有另外一個人途經劉邦殺蛇的地方，看見一個老婦人坐在被斬為兩段的白蛇身邊痛哭。問她是怎麼會事，那老婦人回答：「我兒子是白帝之子，化為蛇當道，如今被赤帝之子斬殺了。所以在這裏痛哭。」故事傳開來，成為漢代秦的一種預兆。所謂白帝，指五行中的金。金生水，所以白帝之子即指以「水德」為命運屬性的秦王朝。而赤帝是火，火生土，土又能克水。當道的白帝之子被赤帝之子的劉邦殺死，即預兆着由後者建立的新王朝屬於「土德」，因此以漢代秦完全合乎以土克水的客觀規律。

其次，封禪之前必須先把其他種種神靈統統祭祀過。西漢時的中國，還處於一個對上天與萬神充滿了敬畏、崇拜和幻想的時代。祭拜各種鬼神的活動從劉邦開始，漢武帝時達到高峰。直到西漢末，由官方祭祀「天地六宗以下至諸小鬼神」的地方總共竟有一千七百多處。祭祀典禮所用的三牲鳥獸共達三千多種。後來不能都備齊，以至於拿雞冒充鶩雁，拿狗來當作麋鹿。無論如何，到封禪之前，這一條也算基本做到了。

再次，是朝廷必須把舉行祭天活動的天下最重要的名山（「五嶽」）納入中央政府的直接統轄之下。漢初分封了很多同姓王，當時認定的「五嶽」中，有三座（包括最重要的泰山在內）不在天子直接統治的地區內。漢武帝通過削除藩國、迫使他們獻出名山等手段，才將它們統統奪回到自己手裏。

最後是用德政治理天下，而且已年深日久。從西漢建國到武帝中葉共八九十年。在這麼大的疆域之內安寧承平如此長久，這在當時中國人的記憶裏還沒有過。所以象徵着上天讚許的各種神異、「祥瑞」跡象也在此前後不斷湧現。捕得神獸，因此改年號叫「元狩」；寶鼎從地下浮出，因此改年號為「元鼎」；此外還有「美光」、「黃氣」、「一茅三脊」之類。

司馬遷不厭其煩地講述以上種種情節，一點也看不出其中有什麼諷刺之意。他接着描寫的封禪活動也很是順利。與秦始皇在泰山上遇到雷雨不同，武帝登山舉行封禪大禮時，「泰山無風雨災」；晚上夜光閃爍，天明時「有白雲起封中」；江淮之間，還出現茅草連續三年不枯的奇跡。在他看來，所有這些，顯然都表明武帝封禪是很成功的。

上面所說的，是否就意味着司馬遷毫無保留地贊成武帝封禪呢？當然也不是。最根本的原因是，在武帝的心目裏，封禪並不完全是為着維護西漢朝廷的政治合法性，更是為了實現自己求長生不死、化為仙人的癡心妄想。為此他屢屢上當，卻終身不知後悔。司馬遷對這一點頗不以為然。這種情緒當然也流露在他的《封禪書》裏。

據《史記．封禪書》記錄，武帝親政後祭拜的第一個神仙，是戰國時一個冤死的女子，叫「神君」，大概死於乳腺腫瘤。不久他又弄來一個活神仙，叫「李少君」。此人聲稱：他能靠祈禱和火灶燒煉出寶物；再將它摻入丹砂一起燒，可得黃金；用這樣燒煉出來的黃金作餐具，便能延年益壽；於是就能見到蓬萊海中的神仙；見得神仙後再舉行封禪大典，就能夠像黃帝一樣化作仙人而不死。據説他還有辟穀防老的技術。武帝自稱能三日不食，表明他練過辟穀之術，不知道是否從李少君那裏學來的。正在大紅大紫時，這個李少君卻病死了。武帝相信他沒有死，只是「化仙而去」，繼續命人按李少君的方子搗騰煉丹求仙之事。這一來，引得「海上、燕齊怪迂之方士，多更來言神事矣」。

這些人中最有名的一個，是「齊人少翁」。當時剛好有一個武帝的愛妃死去。傳説少翁就用法術把她召了回來，讓武帝可以隔着自己的帳子看見她。因此他被武帝封為「文成將軍」，要他設法把神仙召來。折騰了一年多，什麼成效也沒有。「文成將軍」慌張起來。於是他預先讓牛吞下一條寫過字的絹帛，然後裝模作樣地聲稱，牛腹中必有奇物。剖開牛腹，果然找到那條「帛書」。漢武帝是個聰明人，發現絹帛上那些字，竟然全是「文成將軍」本人的筆跡。武帝一怒之下，就把他殺了。

但不久他又後悔起來，於是找到一個與齊人少翁出於同一師傅的方士，叫欒大。此人「敢為大言」，向武帝推薦自己的老師，說他「黃金可成，河決可塞，不死之藥可得，仙人可致也」。漢武帝這時正愁黃河決口、煉金屢屢失敗，對欒大的話深信無疑。一個月裏，連續給他「五利將軍」、「天士將軍」、「地士將軍」、「大通將軍」等四顆印；接着把宗室公主嫁給他，又給了他「欒通侯」和「天道將軍」兩個爵號。這個騙子名利雙收，「貴震天下」，乃打點行裝，威風凜凜地到東海去尋找他的老師。這一來就惹得齊燕之間的方士們人人心癢，莫不躍躍欲試，爭相自言有秘方、能招致神仙。但是這個「五利將軍」像他的前任一樣，既找不到他的老師，所說的情形又都經不起驗證。弄來弄去，武帝終於由懷疑而發怒，把五利將軍也殺了。

漢武帝殺五利將軍，或許也因為在身邊成群結隊的說神仙方術的騙子裏，這時又出現了一個更受他相信的人。他也是一個齊人，名叫公孫卿。此人向漢武帝獻出一部書，據稱是他的老師申公留下的。裏面有兩條預言特別中武帝的意。一條說，漢朝將在高祖的曾孫時代興旺發達，那將是復興黃帝之業的時代。另一條則說：那一天到來時，將有寶鼎出世；漢主應當用封禪來與神溝通，就能登天做神仙了。兩條預言把當時已鬧得沸沸揚揚的寶鼎出現、封禪與論以及黃帝鑄鼎升天的傳說都巧妙地串聯在一起。據後一則傳說，黃帝在荊山下鑄鼎，完工後，有一條垂着長鬍鬚的龍從天上來接引黃帝。黃帝和他的七十多個親信騎上龍的身子。其餘諸人騎不上去，都緊緊拉住龍的鬍鬚，結果拔斷龍鬚掉到地上，眼睜睜地望着黃帝騎龍而去。這個公孫卿宣稱自己在河南遇見過仙人，又說在東萊海邊見「大人，長數丈」，剛想靠近他，卻馬上看不見了。凡此種種，都無法驗證真偽。公孫卿的下場如何，不是十分清楚。有人推測說，他跟「文成將軍」少翁和「五利將軍」欒大一樣，因為「術窮詐得，誅夷伏辜」（騙術用盡，露出破綻，遂被處死）。不過漢代的史料裏，似乎沒有留下有關此事的明確記載。

《史記．封禪書》說，自公孫卿求仙而不能得仙，漢武帝對於方士們連篇累牘的鬼話日益喪失信心。但他仍然把這批人優養在那裏，任他們胡言亂語，總希望還能碰到一個真正有神通的人。像這樣姑息養奸的結果便是：「自此之後，方士言神祠者彌眾。然其效可睹矣！」司馬遷不敢對他的「今上」有更多的微詞，但是《封禪書》收尾之處的這六個字，字字千鈞，已經把作者對武帝求長生不死的諷刺和不滿，表達得淋漓盡致。

七、痛訴辛酸報任安

公元前九十一年（征和二年），五十五歲的司馬遷總算可以舒坦地吐一口鬱積多年的長氣了。他突然感覺到一種如釋重負般的輕松：自從三十八歲擔任太史令（元封三年，前一〇八）以來就着手寫作的《史記》，終於在經歷十八年的嘔心瀝血之後完成了！這十八年裏的頭十年，他過着志得意滿的順心日子，一邊繼任父親的太史令之職，一邊滿心歡喜地調閱國家圖書館裏的各類書籍檔案。但是接下來卻是飽經痛苦與煎熬的八年。受宮刑之後，漢武帝仍然欣賞他的文才，把他調到內廷擔任「中書令」，即皇帝的機要秘書。在為司馬遷寫傳記的班固看來，那叫「尊寵任職」；而在司馬遷本人看來，自己「身殘處穢，動而見尤」（尤，過也。受宮刑的人往往不能完全控制小便，需要時常操着尿布行動，因此無時無刻能忘記自己被閹割的事實以及之所以會被閹割的罪名。說「動而見尤」，一點也沒有過分或誇張的成分）。「及已至此，言不辱者，所謂強顏耳，曷足貴乎？」整整八年來，唯一能支撐着他的精神還不至於被摧毀的，就是那部尚未完成的《史記》。如今，苦難的傳奇似乎已將近落幕，他有點累了。這時他想起還剩下一件事需要做。

他的朋友任安曾於兩三年前給他寫過一封信，大意是敦促他不要自暴自棄，而應該守職自重、盡忠獻言。這番話勾起司馬遷的滿腹辛酸。他曾打算寫　封長信，向老朋友傾吐心頭的委屈。不久之後，兩人曾經匆匆見過一次面，寫信的事也就被擱置了；但其實他們的會面又太短暫，「卒卒無須臾之間得竭旨意」（匆忙之中，找不到一點點時間，以便將自己的意思清楚完整地表達出來）。所以，司馬遷一直把那些話深藏在心裏而無由發泄。這一等就是兩三年。而此刻他發現，必須抓緊時間向任安表白。因為任安被牽連到一個政治案件中，已被投入死牢，正在等待秋後處決。

任安究竟是何等樣人？

他是河南滎陽人，出身低微，為人趕車來到長安。當日長安城的豪華與繁盛是漢帝國的其他地區所無法比擬的。但如民諺所說，「長安居，大不易」，一個毫無依靠的外地人要在那裏立住腳跟自然很不容易。不過武帝朝正處於內政外交大事更張的時期，需要從各個階層吸收人才。平民子弟憑借自己的才幹、軍功獲得提拔，或在城市中結交豪傑、公卿，靠他們的舉薦進入政界，都還是有可能的。因此，正值少年的任安決定留居長安。

最初，他在長安之西不遠的武功縣內謀得一個代理「求盜亭父」的職務。漢代在縣以下設立「亭」的地方基層組織，以十里為一亭。每個亭有兩個首領，一個是亭長，負責在官府與地方之間上傳下達；一為求盜亭父，掌管地方治安。他們都不算正式官員，當時稱為「少吏」，是協助官府處理民政的辦事人員而已。任安處理份內事挺賣力，在民間的口碑很好。他由此而逐漸被提拔為縣裏的一個低級官吏，可惜隨後又因一點小過失被免職。

不過他這時已經算有了一點小名氣，於是被招入大將軍衞青門下為舍人（屬於貴族私人的家臣）。其實他並未真正得到衞青的賞識，因此被派去喂養劣馬。有一次，任安與同樣懷才不遇的田仁兩人侍從衞青路過平陽公主的家。主人安排任安和田仁與自己府第裏的奴僕同桌吃飯。兩人大怒，竟拔刀將飯桌砍壞。任安為人剛烈，卻講究信義。當驃騎將軍霍去病得寵後，衞青的勢力逐漸下衰。大將軍門下的隨從紛紛改換門庭去投奔霍去病，很多人靠新主子的舉薦做了官。任安卻並沒有因此離開衞家。

但是衞青既不愛惜部下，也沒有知人識才的本領。所以司馬遷說他儘管以外戚之尊而權傾天下，在士大夫中間卻根本得不到稱讚。任安始終不能引起衞青的注意。漢武帝派使者到他的府裏選拔擔任郎中的人才。他從自己的「舍人」中點了十幾名富家子弟，讓他們穿戴得華麗高貴，騎上高頭大馬，供使者挑選。但這些人都被使者批評為穿着華貴的木偶人，竟沒有一個能通過「面試」關。使者重新召集大將軍家裏的百餘名舍人，逐個面談，最後挑選出來的，竟然就是任安和田仁兩人！任安入宮做郎中，恰與司馬遷擔任相同的官職在同一年。在司馬遷眼中，任安無疑具有從戰國一脈而來的「幽並遊俠兒」的氣概，在處世立身之際強調個人的自尊，而對待他人則以信義為重。他的個性，多少代表了司馬遷所讚許的傳統士大夫的操行准則。或許正因為性格上的這種相互投緣，司馬遷才會在不過一年的時間裏與任安結下深厚的友誼。

任安陷入武帝晚期的一樁著名政治大案，完全是身不由己，甚至可以說是無辜的。這樁大案以「巫蠱之禍」著稱於史冊。

所謂「巫蠱」，就是用木偶人來代替欲加害的對象，對它施以針刺、詛咒、刀劍之類的象徵性傷害，然後埋入土中。當時人普遍相信，通過巫術或祭拜祝禱，木偶人所遭受的上述種種傷害就可以轉換為被加害對象的實際危害。武帝一共活了七十歲。他晚年身體有病，常常懷疑有人在用巫蠱之法加害於他。這時候有個叫江充的人很得武帝信任。此人是一個美男子，卻有毒蛇一樣的心腸。他專門用偵破巫蠱案件的藉口陷害他人，審訊時用燒紅的鐵鉗來燙烙被審問者，逼使他們胡亂招供。不出數年，「民轉相誣以巫蠱，吏輒劾以大逆亡道。坐而死者，前後數萬人」。

武帝臨死前五年，江充抓巫蠱犯居然抓到皇太子頭上去了。他指使胡巫，斷言宮中有蠱氣。漢武帝遂命江充入皇宮偵查。江充誣告太子宮中埋的木人最多，又有帛書，上面寫的全是想謀害武帝的話。隨後他們到太子宮內「掘蠱」，果真找到了六個針刺桐木偶人。太子得知後非常恐懼，想與當時住在郊外甘泉宮裏的武帝聯繫，以便辯明情況。然而，「皇后（衞皇后，太子生母）及家吏請問，皆不報」（沒有回應）。太子周圍的人開始懷疑武帝是否還活在人世。太子的老師石德提醒皇太子說，要防止秦末的悲劇重演。他指的是秦始皇死後，趙高隱瞞消息，矯旨令法定接班人扶蘇自殺的故事。於是太子聽從石德的計策，派人詐稱武帝使者，捕殺江充等人。在甘泉宮休養的漢武帝聞變，馬上命令包圍長安城，嚴厲鎮壓太子軍。面對政府軍的進攻，太子被迫動員數萬市民守衞長安城。「巫蠱之禍」就這樣發展成一場父子相煎的內戰。漢武帝回到長安近旁，進駐城西的建章宮，下詔調集關中駐軍攻城，由他本人親自指揮。太子軍與政府軍大戰五日，死者數萬人。太子兵敗，出城東逃，在被追捕中自殺身亡。

江充迎合武帝的猜忌心理，靠誣陷無辜者邀寵，固然是巫蠱之禍的一種重要起因。但是他膽敢誣陷到皇太子頭上，實在很難看作是一樁沒有其他更加深刻的歷史背景的偶然事件。班固寫《漢書》，把這件事同衛皇后因色衰而失去武帝的寵愛相聯繫。他以為，漢武帝企圖廢去衛夫人而另立正宮皇后，因此才栽贓於衛夫人生養的皇太子。結果，太子和他的母親雙雙自殺，正好符合武帝的心意。但是，按照一位當代歷史學家的看法，巫蠱之禍的背景，更像是武帝與皇太子之間因政見不同而引發的衝突，導致武帝企圖更換法定接班人、也就是皇太子的人選。它與衛皇后倒沒有多少直接的關係。

我們一開始就提到過，武帝時期，西漢國策實現了從「無為」政治向「有為」政治的轉變。這裏面既有不得不如此的成分，也有因國力強盛而催發的驕逸奢侈的動機。於是因廣開邊功、兵革數動而國庫虛竭；因國用不足、賣官鬻爵而使吏治漸壞；因壟斷鹽鐵、專注搜刮而使言利刻薄之臣布列朝廷。這一系列的政策環環相扣，越來越嚴重地破壞着西漢社會的正常運行機制。武帝中葉，天下戶口減半，關東流民達到二百萬之多，社會險情已極度表面化。後來的人回顧這段歷史說，漢武帝的窮奢極侈，幸虧是發生在文帝、景帝的大治以後。人們還沒有忘記文、景「遺德」，所以人心不亂。如果漢高祖之後即有武帝，則「天下必不能全」。

面臨這樣兇險的局勢，漢武帝並不是毫無意識的。封禪之後不過數年，他就總結自己前三十年的作為說：「我過去所做過的很多事，是不得不為，因而也就不得不勞民傷財。但是如果後世再像我一樣地行事，那就是在重走亡秦的老路了！」他意識到，形勢已發展到必得扭轉整個治國方向的關頭了。但是真要轉過這個彎子來，又談何容易！這會牽涉到太多的人們以及他們的現實利益；另外，他驕奢淫侈、好大喜功的習性也不是輕易就能改變的。西漢帝國就像一艘航行在茫茫海面上的大船，找不到北，在那裏漂浮不定。

既然理應轉彎子卻又轉不過來，或者轉得太遲緩，自然就會有人不滿意。這些不滿意的人物中，有一個就是皇太子。他是大將軍衛青姐姐的兒子，個性「仁恕溫謹」，對父親不斷興師動眾非常不以為然，所以經常成為武帝決策的反對者。武帝曾回答兒子的勸諫說：「就讓我把該做的事全做完。好留一個安逸的局面給你。這不是也挺好嗎？」父子兩人政治主張的分歧，逐漸發展為互相間的疏遠、猜疑和算計。衛青死後，衛氏外戚集團失去了一根極重要的支柱。此後不久，漢武帝就好像開始為更換自己的接班人預作安排。他先後翦除了衛氏集團的很多成員。「巫蠱之禍」發生時，武帝與皇太子以及衛皇后之間的關係，已發展到不通消息的地步。江充把巫蠱之罪安到皇太子頭上，即便沒有受到武帝的直接指使，一定也是他看准了武帝的心思，因此才會有這樣的膽量。也正因為如此，皇太子對江充的怨憤爆發，才會立即引起武帝的激烈反彈，以至於他會直接把它當作一場叛亂來鎮壓。

現在讓我們轉回來再說任安。在巫蠱之禍發生時，他正擔任「監北軍使者」的職務，控制着調動首都衛戍部隊的大權。皇太子用兵符命令他發動北軍參戰。

任安接受了皇太子的發兵符節，回轉身來卻緊閉軍營大門不出。他實則是不希望事態失控。但這種做法卻被武帝看成是「有兩心」。事平之後，任安被判死刑，關入死牢，等候處決。所以才有司馬遷給他寫信這回事。

如今，《報任安書》已成為中國文學史上千古傳誦的名篇。這封信主要有三層意思。一是借着對本人蒙冤經過的回憶，為李陵大聲叫屈，同時也控訴自己所遭致的不公正的審判。信裏說：「李陵提步卒不滿五千，深踐戎馬之地。足歷王廷，垂餌虎口。橫挑強胡，仰億萬之師。與單于連戰十餘日，所殺過當，虜救死扶傷不給。旃裘之君長咸震怖。乃悉征左右賢王，舉引弓之民，一國共攻而圍之。轉鬥千里，矢盡道窮，救兵不至，士卒死傷如積。然陵一呼勞軍，士無不起躬流涕，沫血飲泣，張空弩，冒白刃，北向爭死敵。」司馬遷以為，像李陵這樣能使部下效命死戰，「雖古之名將不過也」。至於他力屈投降，則「事已無可奈何。其所摧敗，功亦足以暴於天下」。說到自己，司馬遷為他的「拳拳之忠」不能被武帝理解而一再哀歎說：「嗟乎！嗟乎！如僕，尚何言哉！尚何言哉！」在另一個地方，他又用重複句法為自己的命運高聲呼喊：「悲夫！悲夫！」說他的這封信，是在用血淚控訴漢武帝，也是不過分的。

第二層意思，是向任安解釋自己為什麼甘受宮刑之辱而活下來。他這樣回憶當年在牢獄中所體驗過的卑賤屈辱：「交手足，受木索，暴肌膚，受榜箠」；「見獄吏則頭搶地，視徒隸則心惕息」（徒隸，指其他犯人；惕息，懼而喘急）。他說，每當他想起自己作為「刀鋸之餘」（受刑人）所蒙受的恥辱，想到沒有面孔再上父母的墳墓，總是肝腸寸斷、虛汗淋漓。那他又為什麼沒有搶在這一切發生之前就毅然自裁呢？司馬遷先回答說：「人情莫不貪生惡死，顧父母、念妻子。」但是也有一種人不是這樣，「至激於義理者不然」。司馬遷用以下這句著名的話來概括後一種人對待死的態度：「人固有一死，或重於泰山，或輕於鴻毛，用之所趨異也。」這就是說，如果一個人必須在赴死或求生踐義（即為實現某種義務和責任而頑強地活下去）之間作出選擇，那他就要衡量在兩者中哪一個的分量更重。當赴死更重於踐義時，他的死就具有重於泰山的意義。而如果當時環境還需要他活着踐義，那麼他就不應當輕生；在這種情況下隨便去死，其意義便輕於鴻毛。

說到這裏，司馬遷向他的朋友傾訴了自己當初沒有慨然引決的原因，同時也公開了一個已經被他保守長達十多年的個人秘密。十四年前，他曾向自己的一個同事、天文學家壺遂透露過這件事，當時它還處於剛剛着手進行之始，可以說八字還沒有一撇。現在，司馬遷告訴任安，他之所以接受宮刑，因為他需要活下來，繼續完成早已在寫作之中的《史記》。而到了給任安寫信的此時此刻，司馬遷肯定已經寫完了《史記》。所以他自豪地向任安宣稱，此書「凡一百三十篇，亦欲以究天人之際，通古今之變，成一家之言」。他說，他要把這部書藏之名山，傳給後人，讓它在大都市裏流傳。從今往後，就是被殺一萬次，他也絕無後悔！

懂得了《報任安書》中的這一層意思，我們才可能對《史記》有更加深入的了解，也才能懂得，為什麼魯迅要把《史記》稱為「無韻之離騷」。

八、「無韻之離騷」

《報任安書》為我們解讀《史記》提供了一把鑰匙。司馬遷不但暢抒了他鬱積多年的委屈和憤懣，更向朋友袒露出他此刻的心情。這就是信中的第三層意思。司馬遷寫道，如今自己心願已了，所以他可以對過去所忍受的種種侮辱做出總答覆了。什麼樣的總答覆呢？他在信的末尾宣布：「要之死日，然後是非乃定！」可見他在寫這封信的時候，已經抱定了必死的決心。他要以死來澄清周圍的人們對他身殘處穢、隱忍苟活的誤解和蔑視，以死來控訴自己所遭遇的不平和不幸。所以對這封信，決不可作尋常書信來讀。它既是司馬遷告別人世間的遺言，也是他經過七年的忍辱負重之後，終於昂起頭來抗議暴政的一篇戰鬥檄文。

《報任安書》傳達了司馬遷的心聲，但它也給後人留下若干永久的謎團：像這樣一封寫給死刑犯的信，究竟是如何可能保留下來的？對操縱特務政治得心應手的漢武帝看到過這封信嗎？司馬遷之死究竟與他寫了這封信有沒有關係？歷史的魅力恰恰就在於，它老是喜歡用這樣的問題來考驗我們的想像力。

《史記》全書五十二萬六千五百字，雖然不能說是字字血淚，但它確實耗費了司馬遷十八年的心血，這還沒有把他的父親司馬談為準備撰寫《史記》所花費的精力算進去。就寫作字數而言，司馬遷似乎遠不及當代許多「著作等身」的教授（形容著作之多，若把它們一本本地疊起來，竟能與作者的身高相當。這當然是有點誇張的說法）。然而就是這部《史記》，卻成為中國文化史上一筆最光彩奪目的遺產。更有諷刺意味的是，一個被漢武帝閹割的人，卻因為他創作了《史記》而成為中國的「歷史學之父」！

《史記》殺青，對司馬遷的精神是莫大的解放。他對此生已一無所求，所以他覺得自己終於可以無所顧忌地挺直脖子說話了。《報任安書》就是在這種心情下寫出來的。他毫不掩飾地說，現在他最不甘心的，是在這輩子裏「不得書憤懣以曉左右」。

司馬遷生活在一個特務政治盛行的時代。漢武帝到處安置「線人」，連自己親兒子的身邊也不放過。對這樣的局勢，司馬遷絕不會漠然不知。既然如此，給一個牽連在「謀逆案」中的死刑犯寫這麼長一封信，難道他不擔心走漏其中的消息？正是從這樣的推斷出發，一個文學史專家提出，司馬遷在寫《報任安書》時，他預期中的讀者其實遠不止是任安，而恰恰就包括了漢武帝其人；不只是漢武帝，而且還有天下所有知道他的人，以及後世所有讀到《史記》的人們！

這當然是一種十分有見地的猜想。尤其當我們考慮到兩漢之際曾流傳的一種小道消息，說司馬遷後來因為「有怨言，下獄死」，那麼上述猜想好像就變得更有道理了：所謂「怨言」，是否就是被武帝讀到的《報任安書》裏那些「憤懣」之言呢？現在有不少人認為，在人類認識自己生存環境的過程裏，「浪漫主義」的想像力甚至比理性和科學還更加重要。這看來非常對。

不過，想要就此斷定《報任安書》實際上是一篇《報今上皇帝書》，也存在一個很難解決的困難。在這封信裏，司馬遷不但直言無諱地透露了自己當年之所以不肯死的真正原因，而且明明白白地宣布他此生的目標業已完成，也就是說，《史記》已經寫完了。漢代的太史令並沒有寫歷史的職責。司馬遷寫《史記》，完全屬於他個人的一種「業餘」活動。這部一直寫到當代的著作（而且越是寫到當代就寫得越是翔實），會讓漢武帝喜歡嗎？如果這個喜怒無常、猜忌而刻薄成性的皇帝看了這部書不高興，《史記》還能逃脫他的追繳和焚毀嗎？要知道，在一個只能靠數量極有限的手抄複本來傳播書籍的時代，著作遺失而不能傳世的可能性本來就很大；如果還有專制皇帝動用國家機器來對它進行搜繳銷毀，《史記》的命運不就更加岌岌可危了嗎？司馬遷忍辱苟活近十年，就是為着寫完這部著作。他怎麼可能置《史記》的安危於不顧，自動把關於它的消息報告給漢武帝？從這一點考慮，他在寫《報任安書》時，絕不可能以漢武帝為假想中的讀者。

到底應該如何解決這個疑問？最好的辦法，只能是把它當作一個「開放性」的、還無法徹底地予以答覆的問題來看待。古人說，讀書時應力求「平其心，易其氣，闕其疑」。所謂「闕其疑」，就是對一時還弄不清楚的問題不要強作解人，方鑿圓枘，而寧可持一種開放性的存疑態度。

說完了《報任安書》，現在讓我們把話題再拉回到《史記》上來。魯迅曾稱讚《史記》是「史家之絕唱，無韻之離騷」。前一句話的字面意思比較好懂，讚揚《史記》是中國歷史學的一部巔峰之作。後一句話又把它比喻成《離騷》，這應當如何解釋呢？

《離騷》是戰國時代楚國的貴族屈原所寫的一首體裁特別的長詩，這種體裁在中國文學史上被稱為「楚辭」。秦漢統一以後，楚辭的影響越來越大地波及到北方；秦以前名不見經傳的屈原，也開始從楚國歷史上的一個地方性人物，逐漸為越來越多的中國人所知。司馬遷之前有一個人叫賈誼，曾被貶官到長沙，在那裏寫了一篇《吊屈原賦》。這篇著名的文學作品一經流傳，屈原作為一個孤芳自賞、怨天尤人的文人騷客形象，便被深深地印刻在一般人的心裏。但是從司馬遷的眼裏看出來，屈原還不止是這樣的一個人物。他把屈原的悲憤自殺，看作是他向黑暗勢力的絕望控訴和最後反抗。他描寫了一個具有道德英雄主義氣概的屈原。

我們或許都知道，楚國最強大的時代在楚莊王到楚平王時期。著名的典故「觀兵於周疆，問鼎之輕重」就發生在莊王時。屈原生活在楚懷王和頃襄王的時代。那時候，楚國雖然已不如從前那般強盛，不過它仍然還有力量東抗齊國、西敵強秦，保持着第一等大國的地位。東漢的劉歆描寫當日的形勢說，「横則秦帝，縱則楚王」（如果秦國的「連横」戰略成功，秦就能實現它的帝業；如果六國的「合縱」戰略得勢，那就造成由楚國王天下的局面）。可見他把楚國看作是能與秦國相抗衡的最後敵手。

司馬遷把屈原放回到這樣一個機會與兇險形影相隨的時局裏去進行分析，於是對屈原產生了一種新的理解。屈原一度躊躇滿志，但因為遭到小人的妒嫉毀謗，被楚懷王削去了官職。《離騷》就是在屈原被罷官後創作的長詩。它的主題其實就是一個「怨」字。司馬遷為屈原辯護說：「信而見疑，忠而被謗，能無怨乎？」一直到這裏為止，司馬遷的見解與賈誼相比還沒有什麼不同。他區別於賈誼的地方，是司馬遷把屈原的這種「怨」表現得非常大氣。屈原把自己的怨與「憂」，也就是對楚國一方山水之存亡命運的憂慮緊緊地聯繫在一起，因而就完全超越了個人得失的狹隘感情。司馬遷評論說，《離騷》從上古的聖王說到商湯、周武王，乃至春秋最早的霸主齊桓公，為的是對時政進行批評，揭示道德的重要以及治亂之道的法則。所以在司馬遷看來，屈原雖然被污穢所包圍，但他的志向卻可以與日月相爭輝。

從《離騷》判斷，屈原周圍的人們大概都勸他離開楚國，到別的國家去謀求個人發展。見用則留，不用則去，這在百家爭鳴、「士為知己者用」的當時是士大夫圈子裏十分流行的做法。為此，屈原曾先後找過好幾個人替他算卦。《離騷》裏提到三個這樣的人，分別是屈原的姐姐「女嬃」，以及「靈氛」和「咸巫」。占卜的結果都說他應該從楚國出走。但是思來想去，屈原還是不願意離開楚國。他的《離騷》以「吾將從彭咸之所居」結篇。彭咸是傳說中的殷代賢臣，向殷王諫言被拒絕，乃投水而死。可見在創作《離騷》的前後，屈原已經產生了以殉死來表明自己心跡的念頭。不過此時他的這個念頭還沒有像後來那樣強烈而已。他為什麼死也不願意離開楚國呢？司馬遷在屈原傳裏安排了一個屈原與江邊漁夫對話的故事，來表明屈原拒絕與陷害他的黑暗勢力妥協的心跡。

故事說，被楚王流放的屈原來到長江邊。他「披發行吟澤畔（披頭散髮，在江灘上來回漫步，口中還念念有詞），顏色憔悴，形容枯槁」。江邊一個漁夫見了問他：「你不是屈原大夫嗎？怎麼會跑到這裏來？」屈原回答：「舉世混濁，而我獨清。眾人皆醉，而我獨醒。是以見放。」漁夫說：「聖人應該隨時局形勢的變化而調整自己的應對方法。怎麼可以空懷絕世的才能卻讓自己被廢逐呢？」屈原完全不理會漁夫的勸誘，繼續沉浸在自己的思緒之中，表白說：「誰能忍受自己潔白的身體被世俗的污垢所玷污？我寧可跳進長流不息的江水，而葬身於魚腹之中！」

值得注意的是，屈原與漁夫的這段對話，來源於相傳是屈原創作的楚辭《漁父》。這篇楚辭即使真的是屈原所寫，那也不過是作者「偽立客主，假相酬答」的一種文學性質的描寫（假設客主之間一問一答的場景，從而抒發作者個人的情感），所以是不能把它當作真實的事件來對待的。但是這個場景對司馬遷來說是太重要了。他要通過這個故事，表達屈原寧為玉碎、不為瓦全的崇高道德理想。司馬遷的心與屈原緊緊相通。他説，屈原被楚王從身邊趕走，因而才會有《離騷》這等偉大的作品。他一定要把這一點充分表現出來，其實也就是在寄托自己蒙冤發憤、氣衝鬥牛的情懷。魯迅最懂得司馬遷對屈原的這種獨特解讀，所以他才會把司馬遷忍受着巨大的身心殘害而完成的《史記》，比作無韻的《離騷》。

魯迅將《史記》與《離騷》相提並論，不僅因為作者的遭遇或作品的寫作背景十分相像，而且也因為《史記》除了是中國史學史上的一座偉大的高峰，同時又和《離騷》一樣，也是中國文學史上的一座豐碑。

《史記》刻畫人物的細膩生動，表現出司馬遷極高的文學造詣。他寫楚漢兩軍對壘，項羽一方用弩機射出的箭射中了劉邦的胸口。劉邦痛得不由自主地將身體收縮起來，但他突然意識到在陣前暴露出主帥胸部受傷，很容易動搖自己一方的軍心。可是他已經彎下腰去了，怎麼辦呢？於是他急中生智，就勢伸出手去抓住自己的腳，嘴裏說道：「老賊傷了我的腳趾。」司馬遷只用十二個字就把這段經過表現得栩栩如生：「漢王傷胸，乃捫足曰：『虜中吾指。』」

《史記．平原君列傳》講述著名的毛遂自薦的故事，在說到毛遂要求陪同平原君趙勝出使楚國的時候，司馬遷這樣描寫兩人的對話：「平原君曰：『先生處勝（平原君自稱）之門下，幾年於此矣？』毛遂曰：『三年於此矣。』平原君曰：『……今先生處勝之門下三年於此矣，左右未有所稱頌，先生無所有也。先生不能。先生留。』」毛遂最後還是跟從平原君去了楚國，而且也全靠了他的辯才，才說服了楚國參加抗秦聯盟，使平原君得以完成使楚的目的。這時候《史記》又記載平原君的話說：「勝不敢復相士（識別人才）。勝相士多者千人，寡者百數。自以為不失天下之士。今乃於毛先生而失之也！……毛先生以三寸之舌強於百萬之師。勝不敢復相士！」前面一段反覆直呼「先生」，後面一段則反覆以「毛先生」為稱；前面幾次反覆「三年（或幾年）於此矣」，後面則重複強調「不敢復相士」。其行文的氣勢，就像駿馬衝下千丈之坡，又好比風行於上而水波跌宕起伏於下。

又如描寫韓信胯下之辱，《史記》說他「熟視之，俯出胯下，蒲伏」。「熟視之」三字深有意味，突出了韓信內心激烈的衝突；而「蒲伏」兩字，則把韓信忍氣吞聲的樣子交待得活靈活現。《漢書》抄《史記》的這段文字，刪去「蒲伏」兩字，文章色彩也就變得單薄多了。《史記》的文字「言近旨遠，辭淺義深（語言明白易懂而含義深遠）」。敍述劉邦聽說蕭何離去後的感覺，稱他「如失左右手」。描寫漢軍的死傷慘重，說「睢水為之不流」。形容董仲舒的精神專注，則說他騎馬三年，還沒有弄清那匹馬是雌是雄。閱讀《史記》，真正可以令讀者「如直見當時人，親睹其事，親聞其語。使人乍喜乍愕，乍懼乍泣，不能自止」。

《史記》的文字是否也有不那麼精當的地方？或許不能說絕對沒有。《項羽本紀》講述項羽死前勇戰，說「獨籍所殺漢軍數百人。項王身亦披十餘創」。兩句話都指項羽一人而言（項羽名籍），卻好像在說兩個人的事。劉知幾在《史通》裏批評「史之煩文」，共舉十四例，其中有十例出自《史記》。他的標準非常嚴格，曾批評《漢書．張蒼傳》裏「年老，口中無齒」一語是「六文成句而三字妄加」，以為應當刪改為「老，無齒」。可見真的要把一部書寫得「字字珠璣」，幾乎是做不到的。總之，魯迅說《史記》是一部不押韻的長詩，也有表彰它崇高的文學價值的意思。

九、「史家之絕唱」

雖然《史記》的文學成就達到輝煌的程度，它本質上卻還是一部求真求實的歷史學著作。所以魯迅首先表彰它是「史家之絕唱」，然後才說它還是「無韻之離騷」。既要真實，又要有文學性，要做到兩全其美當然非常困難，但還不是絕對不可能的。《史記》即為一例。

《史記》內容的真實可信，最令人吃驚的證據之一，是它對於商王世系的記錄。司馬遷當時一定是依據了某種古帝王譜牒資料，可是這些資料今天一點也沒有保存下來。所以他關於殷王譜系世次的記載究竟是否準確，或者準確到什麼程度，後來的人幾乎根本無從加以考察核對。一直到十九、二十世紀之交，人們偶爾從被當作中藥材用以熬制方劑的「龍骨」上發現了商代刻辭（即甲骨文），再追尋到出產這種特別的「龍骨」的河南，這批刻寫於晚商的甲骨文才在被掩埋三千多年之後終於重見天日（十九、二十世紀之交關於中國歷史文化的另一項同樣重大的發現則是敦煌文獻的重回人間）。根據甲骨卜辭，可以將商代二十九王的世次復原出來。再拿這個復原結果與司馬遷的記錄一比對，人們驚訝地發現，司馬遷的記錄竟然與在他之前一千年就已經被埋入地下的殷商甲骨資料出奇地一致！這件事甚至使得人們有理由進一步猜想說，《史記》關於殷商之前夏代十七個王的系譜記錄，大概也是有相當根據的，只不過我們至今還無法找到其他旁證材料來對它進行核實而已。

《史記》內容的真實性，也反映在司馬遷總是直截了當地敘述他所知道的事實情況，而一點也不會為了替尊者、替有權有勢者遮掩什麼而使用所謂「曲筆」（用隱晦含糊的話將不便直說的情形支吾過去）。中國人在記錄歷史時一向強調「直筆」，但是因為各種人情或利害關係的牽制，有時它甚至還需要以生命作為代價，因此完全的「直筆」是很難做到的。司馬遷卻勇敢地做到了「直筆」。西漢的開國功臣大多數出身低下，周勃靠為人吹簫送葬為生，樊噲是殺狗人的兒子，欒布是酒店裏的跑堂，灌嬰稍微好一點，是販綢緞的小買賣人。司馬遷身為漢人寫本朝的歷史，卻對這些都一概直書，毫無忌諱。甚至對皇家的醜事，他也照寫不誤。劉邦貧賤時被他父親罵作「無賴」，與劉邦的寡妻呂太后不清不白，諸如此類的事情都被司馬遷寫進他的《史記》。《漢書》對武帝以前的紀事多照抄《史記》，但《史記》中「無賴」、「得幸呂太后」一類的話，在《漢書》裏卻是絕對讀不到的。

甚至對於當時已被聖人化的孔子，司馬遷也不肯放棄直筆的原則。他說，孔子由他的父親叔梁紇與母親顏氏「野合」而生（野合者，不符合禮的規矩也）。叔梁紇在孔子出生後不久便死去了。孔子一直到死，都不知道父親墳墓的確切地點。孔子大力提倡孝道，怎麼可以連自己父親的墳墓在哪裏都弄不清楚？司馬遷還描寫說，孔子為與齊景公拉上關係，去走齊景公寵信的一個叫高昭子的小人的後門，居然做了高昭子的「家臣」（私人隨從）。他在衞國，為接近衞國的君主，又去走衞夫人南子的後門。兩人隔着帷帳互相行禮，南子「環佩玉聲璆然」。這都是以衞道自命的正人君子所不能接受的。所以他們說，司馬遷的這些描寫，都來源於「諸子雜說，不可取也」！還有人因此把《史記》說成是一部「謗書」（帶有誹謗的書）。

以上所說，可能會讓我們誤以為，凡被司馬遷寫入《史記》的，必定都是真實地發生過的事情。實際情形也不完全如此。我們說司馬遷能夠做到「直書其事」或者「直筆」，主要是說他對自己所記錄的事情不願意加以故意的隱瞞或篡改；是說他知道某事如何，就一定照着那樣子把它講述出來。他自己總結《史記》的寫作原則，叫做「述故事，整齊其世傳，非所謂作也」。意思是把有關過去的種種傳說組織成一個系統，放在一個宏大的敍事框架裏重新講述，盡可能使這些來源不同、講述立場和講述角度不同的故事能夠互相補充、互相協調、互相映襯。有些傳說，例如天人感應、聖人的種種神異事跡之類，在今天的人們看來可能真假摻雜，而在古時候卻長期被大多數人信以為真。司馬遷當然也做不到例外。他說舜六十一歲代堯踐位，統治天下三十九年，死於今天的湖南。古人對此老早已經提出過懷疑。他記載楚國王室的起源，說祖先中有一個人叫陸終，妻子「生子六人，坼剖而產焉」。上古的人是否做得到採用剖腹產來接生，已經十分可疑；至於一胎產六子，那就更加無法讓人相信了。可見司馬遷最多只能做到「以信傳信，以疑傳疑」，要求他說的必得完全真實，那對他不是一種苛求嗎？

另一種情況是，《史記》講述的故事中，肯定加入了不少由講述者添加在裏面的想像成分。我們都知道，劉邦陣營裏最會打仗的人是韓信。當劉邦被項羽射中胸口、接着又被楚軍圍困之時，韓信卻在項羽分封的齊國大打勝仗。因為自己差不多滅了齊國，韓信從前線送一封信給劉邦，要求劉邦封他一個「假齊王」（負責代理鎮守齊國的王）。劉邦讀完這封信勃然大怒，罵道：「我被楚軍重重圍困在此地，從早到晚盼望你來救我。你卻只想到要做什麼『假齊王』。」坐在劉邦身邊的張良、陳平一聽急了，連忙在桌子底下踹了劉邦一腳，把嘴附到劉邦耳邊，輕聲對他說：「目前形勢對我們不利，韓信如果自立為王，你能禁止得了嗎？不如順水推舟，封他一個王，把他籠絡起來，使他不至於反叛。否則很可能會有麻煩。」劉邦一下子明白了，連忙接着前面的話轉彎說：「大丈夫想做諸侯，就應當做真王，還要做假王幹什麼？」他立即派張良趕到韓信軍前，封他為「齊王」，同時調發韓信的援軍來解自己的圍。不消說，這個故事十分精彩。但是張良、陳平在桌子底下踩劉邦的腳，這是誰看見的？兩人貼着劉邦耳朵說的話，又是誰聽見的？在場的人們真正能看見的，至多也只是張良和陳平與劉邦交頭接耳的情景而已。其他情節無非是講述者根據事態演變的邏輯線索補充進去的。

再有一種情況是，《史記》在「發掘」某些當時已所知很少的事件或人物時，由於素材的缺乏而不得不李代桃僵乃至化虛為實。前面說到過《史記》塑造的屈原形象，就是這方面最好的例證。直到司馬遷生活的時代，屈原在人們的印象裏，包括在賈誼著名的《吊屈原賦》裏，不過是一個過度敏感和自尊而偏偏又懷才不遇的文學家而已，他在先秦文獻中幾乎沒有留下什麼記錄。所以司馬光編寫《資治通鑒》時，竟對他一字未提。司馬遷要為屈原寫傳，最大的困難便是材料不足。他的依據無非有這麼兩種：一是由屈原本人所寫、也包括後人依托屈原之名創作的那些被稱為楚辭的作品；二是武帝時的淮南王劉安遵照武帝命令撰寫的《離騷傳》。他要把屈原在楚辭《漁父》裏虛擬的「主客答問」當作他的一段真實遭遇寫進傳記裏去，其實跟屈原的故事實在太少也有密切的關係。有人甚至認為，《史記》中提到的陷害屈原的楚國貴族「子蘭」其人，實際上也根本不存在。《離騷》在極言世道衰亂、風氣澆薄、人無操守時，用了一個比喻，說百草不香，連蘭、椒這兩種最有代表性的香草，其氣味也都變臭了。而《史記》所謂「子蘭」（此人在《漢書》裏又被寫作「子椒」），很可能就是從楚辭的「蘭椒之語」裏化出來的。在這裏我們可以發現，屈原的形象在歷史上至少經歷過兩次重大的變化。他先從賈誼《吊屈原賦》裏一個牢騷滿腹的冤死文人（我們可以把他叫做「賈誼版的屈原」），變成司馬遷筆下以勇於一死來向黑暗、罪惡的社會勢力進行抗爭的道德英雄（「司馬遷版的屈原」）。再後來，他又變成對自己國家愛到近乎癡情程度的一個愛國主義的典型人物，但那已經是現代的事情了（「郭沫若版的屈原」）。

最後，司馬遷其實還特別愛好講述生動曲折的故事。他既講究「實錄」，但也抑制不住「愛奇」的心性。《史記》關於戰國歷史的敍述，有將近一半可能來源於一本類似於《戰國策》的故事集。它顯然不屬於嚴格意義上的歷史記載。看來司馬遷並沒有仔細地考慮過，在這本書所記載的許多巧妙的陰謀故事裏，究竟哪些才真正經得起推敲、因而值得寫進嚴肅的歷史著作裏去。古人因此批評司馬遷「大膽莽撞」。有一個當代西方學者稱，司馬遷既是嚴肅的歷史學家，又是有一點華而不實的軼聞編纂者。他認為，在《史記》裏，歷史學的標準經常被「故事本身的打動力」所取代，從而使司馬遷「失去對書寫的控制」。

這麼說起來，《史記》到底還能算一本可以被我們信賴的歷史著作嗎？回答仍然是絕對肯定的！已經過去的經歷一旦成為口耳相傳或者記錄成文的某種敍述，其中就一定會不可避免地帶有敍述者本人主觀上對那段歷史的想像、理解和闡釋。在這個意義上，任何人都做不到完全客觀地去「復原」某一段歷史，或者所謂「還歷史的本來面目」。司馬遷做不到，別人也一樣做不到；古人做不到，今天的人也一樣做不到。衡量一部歷史著作的好壞，不是看其中有沒有摻入作者的主觀想像和理解，而是要看這種想像或理解是否來源於歷史事實，並且是否經得起所有已知歷史事實的驗證與核查。

為了編寫《史記》，司馬遷曾利用他做太史令的職務讀遍了「石室金匱之書」（指國家圖書館的藏書）。但是除了古帝王的譜牒之外，他在當時能看到的書籍，其實並不比我們今日所能掌握的資料更加豐富多少。秦漢用於地方治理的各種行政文書，似乎也未被他充分利用過。而要憑這點原始文獻寫一部通貫兩三千年的全面歷史，他所面臨的素材和資料短缺的困難是極大的。據日本學者的解析，《史記》關於周文王之前的早期西周歷史的記述，實際上就是由得自各種古書的三十七則片段敘述拼湊而成的。其中有九則源於今日已遺失的古帝王譜牒，二十四則資料來源於《禮記》《尚書》《詩經》《孟子》和《韓非子》等常見著作，只剩下四則資料來源不詳。他撰寫的孔子傳把《論語》的五分之一都作為孔子的言論抄了進去，引用的範圍涉及《論語》全部篇目的六分之五。秦始皇燒書，把除了本國以外其他六國的資料都銷毀了。因此除了非常簡單的秦國編年史，還有前面說到過的那本故事集，關於《春秋》紀事結束到秦統一的這一段，也就是關於所謂戰國時期，更是缺少可資參考的史料。所以《史記》戰國部分的寫作，只好先根據相對來說還稍微豐富一點的秦代史料編成「秦本紀」，而後將「秦本紀」中與六國相關的信息分散到有關各國，制成「六國年表」。再據年表、各國君主譜系和戰國故事寫成韓、趙、魏、楚、燕、齊等世家的戰國史部分。我們所以要指出司馬遷的種種苦心經營，因為只有這樣才可以看出，這部歷史書的寫作，在把盡可能多的資料和作者個人對這些資料的認識盡可能完美地結合在一起的方面，已經達到了何等了不起的程度。《史記》創立了一種綜合的歷史敍事體裁，分別由本紀（編年史）、表（按專題制作的歷史年表）、書（政治、軍事、經濟、思想文化等方面的專題性記載，後代改稱「志」）、世家及列傳（王族家庭史和一般人物傳記）等四部分構成。它成為歷代王朝在此後兩千年裏編寫「正史」的標準範式。

在司馬遷以前，紀、表、書（志）、傳這四種書寫歷史的體裁，其實都已經分別存在了。司馬遷的貢獻，在於他將這四種體裁有機地結合在一起，從而形成一種綜合複雜的結構框架。這是一個了不起的創造。創造從來就不可能是無中生有、突兀而起；它總是以某些先前已經存在的因素作為起點而實現的。不過，《史記》最大的貢獻，或者說司馬遷之所以成為「中國歷史學之父」的原因，還不在於上述綜合性敍事體裁的創造。《史記》對中國歷史編撰學最偉大的貢獻，是它第一次把一種「過程」的脈絡，埋置到對於過去的歷史書寫之中。司馬遷提出他寫《史記》是為「究天人之際，通古今之變」，就是這個意思。

中國古代的歷史記錄，在司馬遷以前起碼已經有上千年的時間了。這些記錄雖然也被按年代的先後排列起來，卻像賬本一樣既簡單、又零碎散亂，看不出在那一大堆事情的變化之間究竟有什麼聯繫或線索。比如某年「隕石於宋五」（聞之隕，視之石，數之五），某年某月「趙盾弒其君」之類。為了弄明白那些簡單的話究竟是什麼意思，還得把相關的故事情節用口耳相傳的辦法一代代傳承下去。人們不關心這一連串的事件或故事之間究竟有什麼關係的問題，因為那時候歷史書寫的目的是拿這一件一件的事情單獨來進行道德的批判，用作後人的教訓。孔子刪改《春秋》而「亂臣賊子懼」，說的就是這個意思。司馬遷突破了這樣一種支配中國人上千年的歷史思維方式，要把過去當作一個連續不斷的變遷過程去探究和說明。也正因為這種不同尋常的目標，他才必需要發明一種嶄新的綜合性的敍事體裁來重現過去。這不是最突出地表現了他的偉大的創新精神嗎？

寫完《史記》，寄出了《報任安書》，五十五歲的司馬遷從歷史記載中消失了，從此再沒有留下別的什麼形跡。他的晚年將會如何結局？這個引人入勝的問題，是歷史再度留給我們的一個千古之謎。

十、身死之謎

征和二年，也就是公元前九十一年之後，司馬遷再也沒有出現在歷史記載裏。在此之後的第四年年初，漢武帝病死，那年他剛好七十歲。臨死前，「望氣者」（通過察看天象及山川形勢來預言大事的巫師）聲稱長安的監獄裏有「天子氣」（意即獄中有人將代武帝而臨天下）。結果關押在京師各監獄中的囚犯不論所犯輕重，一律被處死。但這一招還是沒能幫助武帝逃過一死。漢武帝與司馬遷這對內心已嚴重對立的君臣，究竟誰活得更長一點，從而得以親眼目睹另一方的死亡？現在沒有確切的憑據可以直接回答這個問題。關心司馬遷命運的人們，曾經對此作過各種各樣的猜測。

我們早就説過，司馬遷受宮刑之後一直擔任「中書令」的官職。現有的資料似乎可以表明，武帝最後一年在中書令位置上的，是一個叫郭穰的人。這就是說，司馬遷當時已經離開了中書令的職位。那時他還未到六十歲，不像是告老離去，所以很可能是死於任上，因而導致中書令的職務必須另易他人。著名的大學者王國維傾向於這個說法。他寫道：「要之，史公卒年雖未可遽知，然視為與武帝相始終，當無大誤也。」總之，司馬遷大概死得比武帝略微早一點。

如果司馬遷真的死在武帝稍前一點，我們就會碰到一個更加費人猜疑的問題：這個「稍前一點」，究竟純屬偶然，還是與武帝有什麼關係？歷史上很多「稍前一點」的事例，都很讓人覺得帶點疑案的性質。如光緒死在慈禧「稍前一點」便是最著名的例子。漢景帝在本人死去的「稍前一點」逼死名將周亞夫（說詳下），也屬於這種情況。所以現在的問題是，司馬遷真是被武帝晚年害死的嗎？

關於這一點，兩漢之際就曾有人說，司馬遷「作《景帝本紀》，極言其短，及武帝之過。帝怒而削去之。後坐舉李陵。陵降匈奴，下遷蠶室。有怨言，下獄死」。這段話所包含的消息，至少不完全都是準確的。司馬遷並沒有因為「舉李陵」而獲罪（舉，舉薦也），他被「下蠶室」，是由於他力圖要替已經戰敗投敵的李陵說話，那時候根本就談不上舉薦不舉薦的問題。可見說這段話的人，對發生在八九十年前的那件事只剩下一個很含糊朦朧的印象了。不過也不能因此斷定，他所說的就全然不可信。消息說司馬遷「有怨言，下獄死」，倒是很有可能的！對此，我們至少可以舉出一條很有力的旁證來。

東漢前期的班固，在《史記》有關西漢紀事（終止於武帝後期）的基礎上，補寫昭、宣、元、成、哀、平六帝時期的史事，作成一部完整的西漢斷代史，叫《漢書》。《漢書》有《司馬遷傳》，但對他死於何時、如何死去這件事卻一個字也沒有提起。根據《漢書》為人列傳的一般體例，凡善終之人，班固大都會在傳記的末尾交待該人死於何年，終年時有多少歲。《漢書．司馬遷傳》對這一點未加交待，不能看作是班固的偶然疏忽。他避免談及司馬遷去世的消息，很像是在為尊者諱，即故意向後人隱瞞司馬遷最終被武帝處死這個事實。這裏所謂「為尊者諱」，其實不一定完全是在捍衛司馬遷的名譽，而更可能是為漢武帝着想。班固稱讚「孝武之世，文章為盛」（文化燦爛）。一個卓越絕倫的大歷史家，怎麼可以被這麼一個追求「文章為盛」的皇帝處死？這樣的事，對後代如何交待得過去？班固決定保持沉默，實在是深有用心的。

說到這裏，關於司馬遷的死，有兩點相信似乎是可以肯定的：他死於武帝末期；他是因為「有怨言」，所以被下獄而死。

然而上面的結論馬上又引發出一個新的問題：假如司馬遷是因「怨言」而再度觸怒武帝，所謂「怨言」，是他寫在《報任安書》裏的那些話嗎？換言之，司馬遷在生命的最後被下獄，是他的那封《報任安書》惹出來的禍嗎？

面對這樣的問題，我們不得不承認，人若想事事洞穿歷史的吊詭之處，實在是不可能的！我們可以做的，無非是將它安放在一個開放性的講述框架裏去對它加以認識。那樣做的話，我們就可以設想兩種完全不同的答案，用來回答這個問題。

一種答案是，所謂「有怨言」的罪名，果然是由《報任安書》引起的。就像前面已經討論過的，司馬遷本人恐怕無意於通過《報任安書》直接向武帝披露心胸。但是漢武帝還是通過自己的監視系統弄到了這封信。武帝與司馬遷相處多歷年所，以他的精明識人，不會不對司馬遷的內心活動毫無察覺。現在，多年來深藏在他內心的狐疑終於被信中一行行的白紙黑字所徹底證實。他惱怒司馬遷辜負了他的「尊寵」；他更受不了司馬遷在「從俗浮湛」（在世俗的浪潮中隨波逐流）的外表之下那一副蔑視他的至高權威的傲骨。為此，他要再度懲治司馬遷。

然而事情還不止於此。如果武帝讀到了《報任安書》，他必定還會去設法追尋《史記》。他最關心的，應當是司馬遷將會如何描寫他這個「今上皇帝」。前面提到過的傳説透露了一條有關消息，因此也就十分值得引起我們注意。它説，武帝讀了《史記》中的《景帝本紀》（這裏似乎還應該加上《今上本紀》，也就是武帝朝的編年史），對司馬遷毫不遮掩地暴露漢景帝、武帝父子二人的短處大為光火，因此把這篇本紀銷毀了。班固在寫《漢書》時說，流傳世間的《史記》已經缺失了十卷（《史記》總共有一百三十卷，今本中有十卷是西漢後期的人補入的），而其中恰恰就包括景帝和武帝的兩篇本紀在內。看來上面這個說法不一定完全是空穴來風，只不過它把武帝「怒而削之」說成是在司馬遷受宮刑之前，在時間上弄顛倒了。司馬遷寫《報任安書》時，只說《史記》總共一百三十篇，絲毫沒有提到它被武帝強行刪削之事。所以武帝「怒而削之」，只能發生在這以後。於是我們可以說，假使司馬遷「有怨言」的罪名果真起因於《報任安書》，那麼他的死大概還不僅因為這封信，而且也因為《史記》對「今上皇帝」以及與「今上」有牽連的一系列人與事的描寫太不稱漢武帝的心。

武帝追查《史記》的事情，還在司馬遷的家鄉陝西韓城被演繹成一系列動人的民間故事。據說司馬遷被下獄後，妻子柳倩娘回到家鄉，守護早已被女兒司馬英暗地裏轉移回家的《史記》正本。後來，司馬遷的長子司馬江被李廣利誣奏，被迫從邊關上太行山造反。柳倩娘聽說司馬江造反，恐怕被官府滅門，遂命後輩改名換姓，離家避禍，她自己攜帶《史記》入庵為尼姑。她在庵中修道四十年，終於成仙，乘龍而去。司馬遷的三叔司馬厚，則在與前來搜查《史記》的官軍搏鬥中被殺死。

韓城民間還傳說，司馬遷的生日是農曆二月初八。而他的妻子柳倩娘，又被說成是李陵的姑表妹。故事說，李廣利要納柳倩娘為妾，倩娘不肯，李陵也不同意，為此他遭到李廣利的忌恨。所以後來李廣利坐視李陵陷敵而不救。柳倩娘則經李陵介紹，拜司馬遷為師學藝，遂由相互愛慕而終成婚配。

這些傳說反映了民間的感情和想像，但並沒有什麼歷史根據。司馬遷應該是有兒子的，名字已不可考。他的女兒十分有主見，嫁給一個地位不低的官僚，也沒有留下名字。她生了兩個兒子，叫楊忠、楊惲。最早把司馬遷的書傳布開來的人，正是司馬遷的這個外孫楊惲。

不過漢武帝怒刪《史記》的說法也未必能使人完全相信。理由至少有三條。第一，《史記》之所以缺少十篇，也可能是因為司馬遷壓根兒就沒有按原計劃真正把它們寫出來。或許我們只能說，司馬遷生前已經基本上完成了《史記》的撰寫，但他還留下若干篇章始終沒有寫完。《史通》作者劉知幾就持這種看法，即所謂「十篇未成，有錄（目錄）而已」。清代前期負責編輯「四庫全書」的一批大學問家，認為「當以知幾為是也」。王國維也批評武帝刪書之說「最為無稽」。

第二，《史記》有目而無書的共達十篇。其中大多數內容與漢武帝無關，根本不可能是被他刪毀的。既然其他篇章的遺失都可以與漢武帝沒有關係，又有什麼理由斷定漢景帝、漢武帝兩篇本紀的丟失就一定出於武帝之手？事實上，西漢一代既無印刷術，紙張也還未曾代替絲綢或竹木片成為書寫的最主要材料（這要在兩晉時才發生）。一部五十多萬字的書，整本抄寫既不容易；即使抄出來，要把它全部裝釘在一起也不可能，故當時只能一卷一卷地分別裝釘。正因為如此，像這樣的大部頭著作，往往按閱讀需要被拆散開來，分卷抄寫並分卷流傳，叫做「寫以別行」。在這樣的傳播過程裏，有若干卷失傳，並不是不可能的事情。非要找出一個為這類偶然事件負責的人物，有時反而顯得牽強無據，真正變得「吃力不討好」。

第三，武帝如果因《史記》「極言其短」而毀去記載景帝和他本人時代的兩篇本紀，那麼他必得要以同樣的手段毀去《史記》中的其他一些篇章！景帝朝用晁錯的「削藩」策來收拾劉邦當年分封的同姓王後裔（同出劉家一門骨肉的同姓諸侯），弄得宗室人怨沸騰，最後逼出一場「吳楚七國之亂」。西漢朝廷削藩自有其理由，但景帝在這個過程裏顯得刻薄寡恩也是事實。尤其無情的是，七國之亂剛剛爆發時，他一時慌了手腳，竟把一心為朝廷的長治久安着想而被諸侯切齒痛恨的晁錯當成替死鬼，把他斬殺在長安東市，以求與叛亂的諸侯妥協。景帝在那天一早派人到晁錯家裏傳喚他，晁錯還以為是召他進宮問對，把朝服穿戴得整整齊齊才出門。萬沒想到的是，他被直接領到東市受刑，連再見一次景帝之面的機會也沒有。唐朝有人寫詩說：「旋見衣冠就東市，忽遺弓劍不西巡。」前一句裏用的就是這個典故。

景帝做過的另一件刻薄無情的事，就是在自己死前先以冤案逼死周亞夫。周亞夫是漢初功臣周勃之子，自己也在鎮壓吳楚七國叛亂中立過大功勞（「周亞夫軍細柳」），一直做到丞相。可是他卻因為反對景帝廢黜既定的皇太子、改立日後的武帝為太子而得罪景帝。景帝很快與他疏遠。不久他請求辭職，獲得批准。景帝在宮中請他和新立的太子一起吃飯，大概是想補救或協調周亞夫與新太子的關係。奇怪的是，在周亞夫的筵席前只放了一塊大肉，卻沒有筷具。周亞夫心裏不高興，臉面就上了顏色。坐在他身邊的太子不斷地向他張望。周亞夫實在忍耐不住，便離開坐席，冷峻但不失禮貌地告辭了。景帝望着他弓腰曲背的後影說：「此人心中怏怏不服，將來絕不是少年天子能使喚得了的臣下！」周亞夫隨後就被一個冤案纏身，在獄中絕食五日，吐血而死。後來有人說景帝對待臣子太少恩情，用法又太過深刻，「大抵得於晁錯者為多」。此說十分到位。

司馬遷若要在《景帝本紀》裏「極言其短」，他可以說的，無非也就是上面這些。這些故事也被他寫入《史記》的其他有關部分，如《周勃世家》、《晁錯列傳》等等，而且只會講得比在本紀裏更翔實。如果武帝為此要銷毀《景帝本紀》，他不是也應該甚至更應該銷毀另外的那些篇章嗎？這樣的分析對質疑武帝銷毀《今上本紀》的猜想也一樣有效。這裏就不一一細說了。

如果武帝沒有怒刪《史記》的事情，那麼斷定他見到了《報任安書》的看法也就失去了幾乎是唯一的重要旁證。也許他根本就沒有讀到《報任安書》裏的那些怨言。可是司馬遷既然已經決心要用從容就死來洗清當年不得不忍受的巨大侮辱，他一定還會在其他場合毫無顧忌地傾吐自己的怨言。他終於實現了這一番心願。可惜其具體情節到底如何，今天的我們對此已經絲毫不得而知。

總而言之，要說武帝是因為讀了《報任安書》以及《史記》，才會第二次迫害司馬遷，還缺乏充分令人信服的證據。但司馬遷因「有怨言」而斷送了老命，則很可能是歷史事實。我們或許有把握說，這對他來說是一個心甘情願的結局。因為司馬遷早已明白，他如果想要真正地被人們認識，那麼他必須用壯烈的死來表明自己的心跡。「要之死日，然後是非乃定」。這十個字寫得毅然決然、斬釘截鐵，難道不正是表達了司馬遷以死明志的強烈心念嗎？

有關司馬遷的歷史資料實在少得可憐。要想了解司馬遷，最好的辦法是用心去閱讀他的《報任安書》和他的《史記》。要想真正享受蘊含在《史記》裏的古樸雄偉以及它無法言傳的美，也只有把自己從「耳食之人」變成原始文本的閱讀者。這篇文章至多只能幫助你走近《史記》。而要真正走進《史記》，還得靠每個人自己去直接感受原著才能做得到。那是任何他人都無法代勞的。

附錄

把過程植入歷史書寫

——論司馬遷對中國歷史編撰學的突破

本文係根據作者為一部有關中國史學觀念史的集體著作所撰寫的若干章節文稿修改而成。在修改過程中，曾得到朱維錚、虞萬里、高智群等諸位教授的指教幫助，謹此致謝。文中不當之處，則應由作者個人負責。

一

由《詩經》中的「大雅」及「頌」可知，至晚西周中後葉，當相關詩篇被創作出來之時，上古中國人把發生在過去的一系列重大事件置於連續的時空範圍內，並將它們當作一個互有關聯的變化過程來予以理解的意識，已經相當成熟了。若按〈生民〉（「大雅」第十一篇）、〈公劉〉（「大雅」第十六篇）、〈皇矣〉（「大雅」第七篇）、〈文王有聲〉（「大雅」第十篇）和〈大明〉（「大雅」第二篇）的排列先後將這些詩篇通讀一過，我們很容易發現，它們實際上構成了一組史詩，從而生動地展示出自姜嫄履大人跡而產棄，直至文王受方國、武王牧野伐紂的早期西周史。在實際的廟堂音樂歌舞表演中，它們或許很少有機會被全數採用。但這樣一個追溯西周建國歷史的敍事框架一定是周人所熟悉的。魯僖公時代

（前六五九—前六二七）為修廟告成而創作的頌禱之辭〈閟宮〉是《詩經》裏最長的一篇作品（《詩經．頌．魯頌》，共八章）。它的前兩章專述周人先祖故事，是即〈生民〉、〈皇矣〉和〈大明〉三篇內容的壓縮，其中不過省略了〈公劉〉居豳以及〈文王有聲〉所講的作邑於豐和武王遷鎬的故事而已。〈商頌．長發〉則是展示商王朝先世事跡的一部歌舞劇的唱詞。

追憶歷史時的過程意識之發育，也表現在《尚書》的編撰，即根據流傳下來的片段材料去「復原」過去時代官方文書的持續數百年的努力之中[1]。關於今本

---

1 此種「復原」工作的依據，部分來源於久遠以前的書面文獻，如金文，或世代傳承下來的簡冊；另有部分依據的是古老的口耳相傳的材料；當然也會有部分後人添加的想像、追敘或解釋。在這一點上，先秦中國與早期希臘的歷史編纂學傳統具有一定程度的差異。後者包含着兩種不同的取向。其一以希羅多德為代表，基本上只注重最近的事件，而小心翼翼地將遙遠的過去一筆帶過。其二以赫拉尼柯（Hellanicus）為代表，傾向於從有關遠古的神話和傳說中取材來構建歷史，並把那些神話和傳說植入與當前現實相關聯的世系及編年中去。兩種取向的共通之處，是它們都僅取材於傳說或者書面化的傳說，而不去「爬梳」產生於與所述事件同時代的原始文獻。參見塞特斯（Johnvan Seters）《追尋歷史：古代世界的歷史編纂學與聖經史學的起源》，紐赫文：耶魯大學出版社，一九八三年，頁二十三、四。

《尚書》各篇的寫成年代，諸家考訂多有不同。不過他們一般都同意，「《尚書》各篇所記的事越古，編成的年代越近。但後世所編定的各篇《尚書》本來不是偽書，只是不是當時所作，而出於後世的追述和編定罷了」[2]。如果最大限度地綜合各家見解，那麼也許可以說，如今輯入「周書」的那些文獻的主體以及部分「商書」，大體編定於西周時期；「商書」的剩餘部分成於春秋；「虞夏書」則多寫定於春秋末和戰國之時。除去《堯典》等極少數篇章的例外，《尚書》諸篇大都採取記錄性文書的形式，差不多不含有對長時期歷史過程的直接敍述。但是，從《尚書》文本形成經過之本身，從它的編集者們為一系列重大歷史關節「填補」

不過中西方歷史編纂學傳統之間的差別，其實也不像乍看上去那麼巨大。在中國，關於三代乃至更早時期的很大一部分以即時記錄形式出現的文獻，實際上也帶有相當程度的「書面化傳說」性質。而傳說的書面化，同時又是一個將神話歷史化的過程。這個「歷史化」過程雖然褪去了故事主人翁身上濃厚的神話色彩，卻又以另一種形式把他們放大了。堯、舜、禹等人作為當初比較有影響的酋邦首領（如果他們真的存在過），就這樣被放大為類似後世天子那樣的「聖王」。

2 蔣善國《尚書綜述》，上海：上海古籍出版社，一九八八年，頁一三九。

記錄空缺的良苦用心，我們多少能夠看出，這部古典文獻的眾多作者本身，對那一段極其漫長的歲月還是抱持着某種通貫理解的。

中國思想史上針對以往各歷史時代更迭變化之宏觀走向的思考（為提說方便起見，以下姑且稱之為「歷史哲學」），最早似見於周人以「罔德」、「用德」來解釋天命轉移的觀念[3]。由春秋至於戰國，諸子在闡述制度變換、文化起源、興亡治亂的轉變法則等方面形成了形態各異的具有歷史哲學性質的系統見解。根據倪德衛的分析，我們甚至可以從中窺見「道德的歷史人類學」、「對歷史學的分

---

3 在指出今存相關思想史的最早資料始於周初的同時，D．倪德衛（David S.Nivison）認為，中國人試圖回答是誰把「天下」的統治權授予某個王朝、此種統治權何時及因何又會為原先的授予者所剝奪等問題的「最初答案」，實可由天象學求之。發生在前一九五三年、前一五七六年和前一〇五九年的諸星會聚或「准會聚」，分別被當作上天昭示夏、商、周三代興替的徵象。問題在於，事實上並沒有證據顯示，先秦的人們自身已經把夏商兩代的崛起與上述天象互相聯繫在一起了。孟子關於「五百年必有王者興」的觀念，是否以當日的天象學知識作為背景，倒是一個可以討論的問題。不過它無論如何要晚於西周用「德」來解釋天命授受予奪的歷史哲學式思考。參見倪氏為《中國哲學百科全書》（Antonio S. Cua 主編，紐約：路特里奇出版社，二〇〇三年）撰寫的「歷史哲學」專條（頁五四〇—五五四）。

析批判哲學」的傾向，以及「關於社會與道德的契約論審度」[4]。不過另一方面，這樣的論說又全然不具備歷史敘事所應有的翔實性。它們有時好像是基本不涉及具體歷史事實和情節的純邏輯推導；有時雖然也包含了若干在論說者看來是具有知識方面真實性的歷史證據，但它們經常是跳躍性的，在時代上相隔遙遠。與那時業已積累起來的數量巨大的歷史知識相比，這些議論未免又顯得有些單薄或粗疏。

以上三項事實也許足以表明，在試圖觀照並重現以往的歷史時，人們幾乎天然地就能感受到它所具有的過程特徵。奇怪的是，儘管先秦時代的歷史書寫已經足夠成熟並達到了非常高的成就，儘管這時候的「歷史哲學」對歷史所呈現的過程性已經產生了豐富的感知和頗為深刻的意識，這兩者卻一直未曾真正獲得結合。在由劉知幾所界定的史體「六家」中，有四家（即「尚書家」、「春秋家」、

4 倪德衛「歷史哲學」條。

「左傳家」和「國語家」）出於先秦。我們今日在觀照歷史時所帶有的習以為常的過程意識，事實上卻全然沒有進入四家的歷史書寫。從這樣的事實出發，我們便更容易看清，司馬遷對中國歷史編撰學最重大的突破，就在於唯有到他的筆管下，歷史敍事的過程性格才被悉心地植入中國歷史書寫的傳統之中。

因此，本文的以下各部分擬先揭示出，在考察過去時專注於「斷其義」、「騁其辭」的趨向，如何障礙了先秦史學著述對於歷史過程性的探究及其呈現。在這樣的基礎上，進而就可以較翔實地討論如下的問題，即《史記》是怎樣開創一種得以充分展示歷史變遷過程性的史學書寫新範式的。

二

在最寬泛的意義上，當人們記憶過去並試圖保存這種記憶的時候，他們所從事的就是歷史學的活動。這樣的歷史學至少從商代已經開始了。雖然甲骨卜辭，包括驗證占卜結果的「驗辭」在內，或許都屬於對帝或諸神的交待，所以不能算是有意識的歷史記錄，但出於祭祀先王需要或其他動機而保存、流傳下來的商王世系，至少可以看作具有歷史記錄的性格。西周的金文，更是絕大多數都被當作自覺的歷史記錄而刻鑄的[5]。

5 周代金文記錄鑄器者受周王冊命之經過的最典型例證之一，是由一個名叫「頌」的貴族刻鑄的一組銅器，包括數量不等的壺、鼎、簋，上面都有紀念性的銘文。它們表明，周王所頒冊命，其原始文本是書寫在簡上的。這些禮器當然是為祭告祖先而制作，但它們同時也含有「用對王休，子子孫孫，其永寶」，或曰「永寶用」的紀念性意圖。

追憶往事的動機是各式各樣的。希羅多德寫作《歷史》的目的，是為了說明「亞洲（在波斯人手中）的統一」，該帝國把疆域擴大到大陸之外的企圖，以及此種企圖之如何失敗」；同時，希羅多德還想從自己的描述中闡明這段歷史之所以如此發生的兩個重大原因，即人類「不公正的行為」，以及人對自身成就的驕傲與神為此的惱怒之間的因果報應[6]。

撇開西周金文所反映的歷史書寫的種種意圖不談，自春秋開始直到孔子以前，在人們記錄歷史的諸多目的中間，有兩樣動機已經變得特別明顯。其中一個是把過去看作處理當前重大問題的經驗或教訓。據《尚書．康誥》，成王（實際是周公）教訓往監商人故地的康王，要他「紹文衣德，往敷求於殷先哲王，用保人民」，亦即除了繼承文王衣缽外，還應廣求殷商先代的賢王之道，以安定其舊有百姓。《尚書．酒誥》則把殷的滅亡視為警戒：「今唯殷墜厥命，我其可不大

6 塞特斯前揭書，頁二三二—二三四。

監，撫乎時？」無論是從正面或是反面，殷的歷史對周代政治都是重要的借鑒。在《尚書．召誥》中，尋求歷史經驗的對象更上溯到「有夏」：「王敬作所，不可不敬德。不可不監於有夏，亦不可不監於有殷。」《尚書．無逸》也以商史為鑒，諄諄然提醒當道者「無淫於觀、於逸、於遊、於田」，並以「嗚呼王其監於茲」的懇請口吻結束全篇文字。上面列舉的例證也許很可以表明，在古代中國，歷史意識發生、發育的驅動力，不在於對純粹知識的好奇與追求，而是直接與對現實局面的關注，或者用後來的話說即所謂「經世」，相當緊密地聯繫在一起。

另一個目的，則是要對個人在重大歷史事件中應負的責任，無論正面或者反面，作出裁判並且傳之後世。春秋時代晉國的趙穿謀殺了他的國君靈公，太史董狐卻記載曰：「趙盾弑其君。」董狐的理由是，趙盾身為正卿，「亡不越境，反不討賊」，所以他應是這次弑君事件的主要責任承擔者（《左傳．宣公二年》）。這裏顯然蘊含着後世所謂的「書法」。時人對歷史審判的畏忌，生動地表現在寧殖因驅逐衛君的行跡被記入史策而發生的深刻焦慮：

衛寧惠子疾，召悼子曰：「吾得罪於君，悔而無及也。名藏在諸侯之策，曰：孫林父、寧殖出其君。君入，則掩之。若能掩之，則吾子也。若不能，猶有鬼神，吾有餒而已，不來食矣。」悼子許諾，惠子遂卒。（《左傳・襄公二十一年》）

徐復觀寫道：「寧殖（惠子）逐了衞君，使他死後的鬼，寧餒不食的，不是在鬼神世界中所受的審判，而是『名在諸侯之策』的這種史的審判。所以他囑咐他的兒子（悼子）的，不是為他向鬼神祈禱，而是要迎入衞君以掩蓋他『出其君』的行為。」徐氏又引述齊國的崔杼為太史寫下了「崔杼弒其君」五個字而殺死三個史官，並使另外兩人「走向生死的邊緣」的著名事例。他說，這是因為崔杼意識到，「這五個字是對他作了絕望的審判」[7]。

7 徐復觀《論史記》，《兩漢思想史》，上海：華東師範大學出版社，二〇〇一年，第三卷，頁一四四。

上述兩種動機被結合、歸並在一起，初步形成為一種觀照歷史的特定道德角度，恐怕是在孔子之前。而孔子刪定的《春秋》，則把歷史學所承擔的道德批評的功能極度地擴大了。所謂孔子筆削而使「亂臣賊子懼」，正是這個意思。甚至《春秋》中若干處「有年」的簡略記載，也被有些學者看作不僅僅是關於年成的報道，而以為它也許隱含了孔子對當時政治的批評：世局昏暗卻遇到豐年，這與尋常的豐收大異其趣，所以他要特地志其怪異。在儒家最先將古代文獻經典化的過程中，道德批判也就越來越突現為歷史書寫的最重要功能之一。

《春秋》一類具有官纂性質的各國大事記，它的原型，或許保留在「不載日月，其文略，不具」的《秦記》中[8]。睡虎地秦簡「大事記」就是這樣的體裁。它紀事殊少寫明月份，記日的例證則一個也沒有；但同時它每年必書，即使連續三四年不書具體事件，仍要將紀年載錄在冊。是證它以年為紀事的時間單元。而

8 引文見《史記．六國年表序》。本文以下部分凡引述《史記》，將盡可能改用括注形式。

以「春秋」名史的意思則是：「春秋編年，四時具而後為年」；因而「立春以包夏，舉秋以兼冬」，錯舉以為所記之名也[9]。這樣說自然不錯。不過更準確地講，今本《春秋》其實不是以年，而是以四時亦即季度作為記事的基本時間單元。試看下列典型例證：「（僖公）十一年（前六四九），春，晉殺其大夫鄭父。夏，公及夫人姜氏會齊侯於陽穀。秋八月，大雩。冬，楚人伐黃。」這一年四時各記一事，但唯秋季記事書月。正因為以「時」作為基本的時段劃分，所以才會出現今天看來有點奇怪的「竟時無事，乃書首月以紀時」的體例。全書中有一個年份的記錄三時無事：「（定公）七年（前五〇三），春王正月。夏四月。秋，齊侯、鄭伯盟於咸。齊人執衞行人北宮結，以侵衞。齊侯、衞侯盟於沙。大雩。齊國夏帥

---

9 引文見《春秋穀梁傳》「桓公元年，冬十月」條；《史通．六家》。

師伐我西鄙。九月，大雩。冬十月。[10]」孔子之前，魯國國史即名「春秋」。但以四時為記事之基本時間單位的編史體裁在當時是否已經成立，頗有可疑之處。它當時更可能仍以編年為體[11]。章太炎推測，西周共和前尚無紀年之牒。「始作

---

10 《春秋》經中偶見缺書「首月以紀其時」的情形，古人也有強為之解者（如《公羊傳》「桓公四年」何休注）。最合理的解釋，似乎還是文本奪字或脱簡所致。

11 洪業枚舉數證，斷定冠於月上的四時為「增竄之跡，甚可疑也」。他的結論值得重視。他又根據《春秋》日蝕記錄逆推該年正月朔日之所在，由以證實立春之日有不在正月之內者，故謂今本《春秋》必以正月為春之始，顯非當時實錄，而出於後來的追加。惟周曆以含冬至之月為正月（建子），比夏曆歲首的寅月提前兩個月。而以正月為春之始，原來是與夏曆相適應的季節配列；以之套用到周曆系統，必與實際節候不符，本來就談不上實錄不實錄。但是問題仍然存在：把夏曆的四時配列套用到周曆的月份上去，究竟發生在什麼時候呢？有人以為它出於孔子之手。如是，則魯國《春秋》中雖無記錄四時之制，但它們在孔子的編年本中就已存在了，因而也不屬於更後來的「增竄」。參見洪業《春秋經傳引得序》，台北重印本，一九六六年；平勢隆郎《左傳之史料的研究批判》，東京：汲古書院，一九九八年，頁十八—二十。

《春秋》者，宣王之史官」。爾後又有晉、鄭等國「依中興之法以紀年」[12]。以「春秋」作國史名稱的，除魯國外似還有周、齊、燕、宋等諸國[13]。其他列國當然也都有大致按年代順序編定的大事記。此即章氏「依中興之法以紀年」之謂。

經孔子改編的《春秋》，與它原先的文本，或者與形式類似的其他年代記相比，有兩項相近之處。其一，它們的記載都極簡略，敍事直指最終結果，極少細節或過程描寫，以及其他必要的補充説明。劉知幾提到汲塚竹書説，其紀事之煩省，「與《春秋》不別」。再從前面引述的「趙盾弒其君」、「崔杼弒其君」，從睡虎地秦簡「年代記」裏的「四年攻封陵」、「八年新城歸」，乃至「不修春秋」

12 章太炎《春秋古氏疑義答問卷》，《章太炎全集》，上海人民出版社，一九九九年，第六冊，頁二四八。按章氏斷《春秋》始於宣王史官，或與《墨子・明鬼》謂宣王中箭之事著在「周之春秋」有關。

13 見《墨子・明鬼》。

所云「雨星不及地尺而復」等語[14]，應可斷定記事簡略的確是當時各國編年史的普遍風格。

由是又引起另一項相似之處。即這樣的文本體例足以把當時人認為重大的事件記錄在冊，也很適宜於用斷制式的言辭表達記錄者對此的判斷、評價甚至情感上的好惡。但它一般不鼓勵對事件全過程的具體觀照，而被記錄的諸多事件之間在更大的時空框架中所可能具有的內在關聯或曰過程性，則更容易在不經意間就被它過濾掉了。歷史書寫體裁，不僅被動地反映出書寫它的人們究竟需要什麼樣的歷史，而且還會反過來強化人們的這種思維取向。在二者的反覆互動中，先秦的人們對歷史之過程性的意識逐漸被抑制的趨勢，或許在孔子之前已然發生了。

14 《春秋公羊傳》「莊公七年」引。按「不修春秋」指未經孔子刪削過的魯《春秋》。是句在今本《春秋》裏被改寫為「星隕如雨」。

但是孔子的道德批判史觀，則肯定是決定性地增強了這一趨勢的擴張[15]。

僅憑留傳至今的一兩條「不修春秋」的遺文，我們現在已無法具體、直接地感知孔子的刪定本與魯《春秋》原有文本之間的差異究竟如何。但先秦、秦漢時人都相信，孔子對文本的改動，主要是刪節部分文字以及所謂「屬詞比事」，即通過個別字句的修飾調整來微言大義，表達自己對所述史事的立場和看法。通過刻意刪削與「屬詞比事」，並輔之以對弟子的口傳旨義，孔子賦予《春秋》以某種貫通始終的新解釋和新精神。這就是用禮和仁的軌度去論定春秋一代重大史事，或曰「黜天子，退諸侯，討大夫」；也就是以「微而顯，志而晦，婉而成章，

15　洪業在前揭文裏，細考古人有關《春秋》的各種言説，力辨今本《春秋》即魯國史，未可證孔子筆削之説。若是，則無須孔子推波助瀾，道德批判的史觀在魯《春秋》中已蔚然如偃草之風矣。在這一點上，本書仍以目前大多數學者所接受的看法為討論前提。洪氏又謂《左傳》成書於漢惠帝以後。近代以來有不少學者主張左氏傳作於漢代。按：《左傳》中的少數文字可能為漢代所追改；但説它的基本形態形成於戰國中期，或許更接近事實。

盡而不污」的「書法」或「義法」，達到「懲惡而勸善」的目的[16]。錢穆因此給予《春秋》以高度讚揚，說它已「嶄然成為一部新史」[17]。從這個角度看問題，僅用「紀錄性」來概括包括《春秋》在內的先秦歷史著作的特徵，似乎就有一點不夠準確了[18]。我們毋寧說，由孔子開創的儒家學派的歷史觀，其關注的重點並不在歷史事實的「紀錄性」，而是對各項歷史事實及有關歷史人物在道德、政治和文化上善惡是非的評判。正如顧頡剛所寫的，孔子「提起古人，不是傳授歷史知識，乃是教人去效法或警戒」。徐復觀也明確地指出，「孔子修《春秋》的動機、目的，不在今日的所謂『史學』，而是發揮古代的良史以史的審判代替神的審判的莊嚴使命」。凡德倫（Piet Van der Loon）則認為，中國歷史編撰學從前

---

16 見《左傳》「成公十四年」。

17 錢穆《中國史學名著》，北京：三聯書店，二〇〇〇年，頁十七－十八。

18 雷家驥《中古史學觀念史》，台北：學生書局，一九九〇年，頁二。

孔子時代向孔子時代的演進，乃是從「禮儀性」史學走向對歷史的「道德化」利用[19]。

這種「史的審判」經常會導致被考察的事件或人物從它們的時空背景中被剝離出來，成為一堆互相孤立的、只是在價值評判的意義上才可以進行比較的「個案」。這麼說並不意味着儒家在作「史的審判」時，絲毫不理會特定事件或人物所處的具體時代及其歷史環境。《春秋》「桓公三年」謂：「夏，齊侯、衛侯胥命於蒲。」胥命即互相致約會面。《公羊傳》說，這是孔子讚許齊國君「近正」。「此其為近正奈何？古者不盟，結言而退。」《穀梁傳》也有相似的解釋：「以是為近古也。是必一人先。其以『相』言之何也？不以齊侯命衛侯也。」四十多年後，形勢變化了。春秋初霸齊桓公盟諸侯於幽地，《春秋》紀之。此事雖然違反「古

19 顧頡剛前揭文，《古史辨》第七冊，上編頁八；徐復觀前揭書，第三卷頁一五六；凡德倫《古代中國的編年紀與歷史觀念的發育》，載 W.G. 畢思萊和 E.G. 普立本主編《中國和日本的歷史學家》，倫敦：牛津大學出版社，一九六一年。

者不盟」的舊制，但孔子似仍有讚許之意。《穀梁傳》說：「桓盟不日，信之也。信其信，仁其仁。衣裳之會十有一，未嘗有歃血之盟也。信厚也。[20]」可見儒家並不僵硬地拘守「五霸，三王之罪人也」這樣一條死教條而閉眼不問歷史實情。然而，這種「假事張義」的評判眼光[21]，對於其一系列審視對象之間的內在聯繫嚴重缺乏觀照，則仍然是明顯的事實。這種被後世稱作「據經發義」的歷史學取向，經過孔門的代相傳授，在先秦時代的歷史思考領域內成為最有影響的風氣之一。在此種思維定勢影響下，當時人們為什麼會對於歷史沿時間維度所展現的過程性長期缺少探求意識，似乎也就不是特別難以理解了。

20　見《春秋穀梁傳》「莊公二十七年」。

21　語見《春秋繁露．玉杯》。

與《春秋》關係最為密切的先秦歷史著作，固非《左傳》莫屬。劉知幾拘執於上古左右史分記言、事的舊說，把《尚書》、《春秋》分別當作記言、記事之史。他在看來，只有《左傳》，「言之與事，同在傳中」，因而才成為後世編年之體的「的准」。

不過《左傳》的最重要意義似乎還不在這裏。孔子可以把他的道德批判寓意在「理盡一言，語無重出」的《春秋》裏，但他絕不可能僅憑那部「不修春秋」以及與之同樣簡略的其他諸侯國的編年紀就作出他的一系列斷制，為此他還需要其他來源更翔實的歷史知識。而後來的儒家在領會孔子的微言大義時，同樣需要這等翔實的歷史知識作為輔助。趙汸說：「古書未焚，策牘具在。不修春秋一一可考，諸侯之史又存。則此時《春秋》爭一半工夫。所以左氏終得仿佛者，是親見國史故也。焚書之後，舊史皆無可考，則《春秋》自是難說。」[22]順着趙汸此語的思路，我們也可以說，在相當大的程度上，後人是靠着保存在《左傳》裏的諸國「舊史」等材料，才能做到對《春秋》一書「終得仿佛」的。除《尚書》、《詩》以外，《左傳》還直接引述過《周公之典》(「哀公十一年」)、《周文王之法》(「昭公二十九年」)、《志》(「昭公三年」)、《前志》(「成公十五年」)、《軍志》(「僖公二十八年」、「宣公十二年」)、《史佚之志》(「成公四年」)、《鄭書》(「襄公三十年」、「昭公二十八年」)等策牘。劉知幾認為它還採納了《鄭書》以外的其他列國年代記。僖公十五年晉君因敗於秦、韓而被俘。這件事《春秋》經文據魯曆(即周曆)記在十一月壬戌，《左傳》卻系之九月壬戌，是為《左傳》採用了

22 趙汸《春秋師說》下。

行夏曆之晉國史書的明證[23]。

但是趙汸仍然只說對了一半。《左傳》所採，不僅「古書」、「策牘」、「諸侯之史」，而且還包括大量具有生動的細節描繪的「故事」即口述敘事。平隆郎在他的《左傳之史料的批判研究》裏，將全部《左傳》的文字（不包括附在每一年之前的《春秋》經文）按其內容分解成以下八類：春秋經引文、經文詮釋、經文轉述、故事、故事解說、君子曰、君子、凡例（後三類分別以「君子曰……」、「君子……」、「凡……」起句）。茲按他對《左傳》文本的分解，將隱、桓、莊三公，成、襄二公，昭、定、哀三公（哀公迄於十六年）紀事部分的構成成分進行統計並列表如下[24]：

23 參見吉本道雅《〈史記〉探考：它的形成與中國史學之確立》（東京：東方書店，一九九六年）頁一三八。又按：此類例證在《左傳》中不一而足，此不贅述。

24 平勢隆郎前揭書，頁四八七—五〇九，頁五五四—六七一。

	隱、桓、莊公（共六十一年）	成、襄公（共四十九年）	昭、定、哀公（止於哀十六年）（共六十三年）
春秋經引文	一百三十七則	二百一十則	二百〇六則
經文詮釋	一百三十七則	一百五十九則	一百〇三則
經文轉述	七十九則	一百三十五則	一百二十二則
故事	一百九十七則	四百九十二則	五百一十八則
故事解説	八則	二十七則	十則
君子曰	十則	十二則	八則
君子	十則	十六則	三則
凡例	十八則	八則	三則

平勢列入「故事」類的段落，未必全部符合口述敘事的性質，其中有一部分可能採自列國年代記之類資料，有些在洪業看來屬於與今本《春秋》不同的「左傳經」。另外一種情況是，在許多場合，以「一則」故事計入表內的，其實也可

能是被「春秋經引文」、「經文轉述」等隔斷的一大段敍事之中的片言隻字，而不是一則完整的故事。但即使將上述因素都考慮進去，上表仍有力地反映出，與春秋前期相比，《左傳》編寫者對時間更晚近的春秋中後期有關口述資料的掌握，顯然要豐富得多。若以各部分所佔據的篇幅論，則對口傳敍述的記載構成《左傳》的主體更是不待說的事實。正因為它們剛剛從鮮活的口頭傳承進入書面，所以《左傳》對許多歷史場景的描寫帶有「某種未經修飾的、自發的講故事的假想，某種直接感知到歷史的假想」[25]。《左傳》是中國早期歷史編撰學史上的一個奇跡。在它以後，我們需要等到司馬遷的時代，才能重新見到這樣光彩奪目的對歷史事件的敍述。

對口頭敍述的採用並非始於《左傳》。孔子以後，儒家傳經即不能不以之為

25 夏伯爾格（Dawid Schaberg）《被格式的過去：早期中國歷史編撰學家的形式與思想》，麻省劍橋：哈佛大學亞洲中心，二〇〇一年，頁一七二。

輔助。《孟子》引用的這類口頭傳說中，有一個尹公他、庾公斯追射子濯孺子的故事（《孟子．離婁下》），它應該就是《左傳》「襄公十四年」所述庾公差、尹公佗追擊公孫丁之事的另一種版本。《左傳》的不尋常處，是依年月順序把它們與採自其他各種書面記錄的大事記整合為一體，形成一部被《困學紀聞》準確地點評為「傳事不傳義」的編年史。就其大部分篇幅為口傳敘述的記載而言，說它的主要部分由編年的軼事集構成，似乎也是可以成立的。那麼，與在它之前的史著相比，《左傳》是否體現出對歷史的過程性之意識的明顯增長呢？

在最近三十年的討論中，關於這個問題出現兩種完全不同的見解。一種可以徐復觀為代表。他說：「《左氏傳》的最大成就，是在孔子所修《春秋》的提挈之下，把這個時代的各方面的變遷、成就、矛盾、衝突，都以讓歷史自己講話的方法，系統地、完全地、曲折地、趣味地表達出來。」他又說，《左傳》「以行為的因果關係，代替了宗教的預言，由此而使歷史從一堆雜亂的材料中，顯出它是由有理性的人類生活所遺留下來的大秩序、大方向」。這一系列的因果關係，「匯而為一個時代演變的整體因果關係；於是歷史乃以有機體的構成秩序，復活於吾人之前，此之謂史學的成就」[26]。

綜觀徐氏所論，有三點似乎值得提出來重加辨析。首先，徐氏極其強調，歷史之秩序「是由時間的秩序所規定的」，因此編年紀事本身就已「由時間而得以使事實有條不紊地呈現」。他說編年方法是「史學的基石」，這話當然不錯。歷史研究須從按年代順序搜羅排列的史料長編做起，本來是一種常識。但歷史研究不能止於史料編年的原因，恰恰是內在於一系列事件的邏輯聯繫並不必定會自發地從經過編年的史料中呈現出來。編年體的記錄形式可以沒有開頭或結局，它本身不能證明記錄者已經具有明確的主觀意識，要把他所記錄的種種事件當作一個整體過程的展開來認識。劉節說，《春秋》一類古代國史，像簡單的日記本，「只

26 徐復觀前揭書，第三卷，頁一六七、一七〇、一七三。以下引文若出處相同，不再一一指明。

是有意識地、又很簡單地收羅的史料」[27]。就《春秋》缺乏按時間維度展開的過程意識而言，他的看法顯然比徐復觀盛讚《春秋》「由時間而得以使事實有條不紊地呈現」更切近歷史的實相。

其次，《左傳》的歷史敘述當然體現出作者對因果關係的認識。它表現在兩個層面上：一是對每個歷史事件或者若干個直接相關聯的歷史事件之所以如此發生、那般結局的具體因果環節，《左傳》往往有很清楚的交待；二是它似乎還力圖尋找出埋藏在所有那些具體歷史敘事背後的、支配着行為者命運乃至觀測者預言的某些更基本的法則。有人認為，這個更基本的法則為執行禮儀是否正當的問題，也有人認為它涉及「報」的原則[28]。從第一個層面來看，個別事件內部的、或者涉及若干直接相關事件之間的具體因果元素，並不會自動地「匯而為一個時

---

27 劉節《中國史學史稿》，鄭州：中州書畫社，一九八二年，頁五。
28 夏伯爾格前揭書，頁一七〇。以下引文若出處相同，不再重複注明。

代演變的整體的因果關係」。從第二個層面看問題，如果歷史真的被理解為只是「報」的法則在每一個具體場合的反覆顯現，那它也只能表明按這種「整體的因果關係」來理解歷史的人，對「時代演變」的軌跡本身仍缺乏充分的自覺關注。

第三，後來的研究者可能而且應當從過去的歷史文獻中尋覓到隱藏在該文獻之中，卻還未曾為其寫作者所意識的種種史的實相。徐復觀似乎不曾留意於二者之間的區別。他引述呂祖謙、顧棟高等人論《左傳》閱讀法的言論，即表明了他忽略前述區別的結果，如何使他把後人（也包括他自己在內）的閱讀心得誤植於歷史文本作者自身的意識之中。

關於《左傳》性格的另一種看法，其最新近的主張者當為夏伯爾格。他認為，《左傳》基本上是一部按編年結構組織起來的大型軼事集。它基本的敍事單元是一個個的軼事，或者若干軼事的更大一點的組合，後者將關涉同一人物或同一國家的幾個事件（經常延續數年之久）組合在一起。他說，修昔底德的著作中也有一些簡短的、不連貫的有關軼事的敍述。但它們都被包容在更大的、對歷史法則進行「科學」的、目的論闡釋的「大敍事」之中。而在《左傳》、《國語》裏，關於軼事記錄本身就佔據了支配的地位。它排除了幾乎所有非軼事的言說，其中也包括作者對歷史演變的一以貫之的解釋在內。

如果需要對上述論斷略加修正，我們或許應該説，《左傳》實際上兼有從《春秋》那裏繼承來的（無論它是否為傳春秋經而作）編年史成分，以及大型歷史故事集的性格。編年史和故事集的形態混合也發生在西歐中世紀的歷史寫作中。十三世紀時，出自坎特伯雷的基督教歷史學家吉爾維斯（Gervase of Canterbury）寫道[29]：

> 編年紀作者應當計點主復活的曆年及其月日之數，簡略地記述發生在這期間的國王或王公們的行為，同時也記錄事件、惡兆和奇跡。可是，許

29 德里宴尼（Deborah Mauskopf DeLiyannis）主編《中世紀的歷史編纂學》，萊頓：布里爾書店，二〇〇三年，頁六。

多寫作編年紀或年代記的作者超出了上述諸限制，……儘管他們旨在編纂一部編年紀，他們卻像歷史學家那般行事，對本當以簡明的文筆予以概略述的事，他們都竭盡文辭鋪張之能事。

當「簡明扼要」的編年史式敍述在某些地方滑向細節描寫時，它就離開講故事的風格不太遙遠了。懷特因而把「編年紀事」和「故事」一起劃為「歷史論述之初基」，稱它們「皆以某類特定讀者之興趣為念，從而將未經剪裁之歷史記錄予以篩選、整次，俾使其更易為人領悟」。他把這兩種歷史寫作概念同樣地位置於其他三種更發達的層次之下，應當是很有道理的[30]。

30 海登．懷特《史元：十九世紀的歐洲歷史意象》，劉世安漢譯本，香港：麥田出版股份有限公司，一九九九年，上冊頁八。

四

除前文已經分析過的《尚書》、《春秋》和《左傳》，被劉知幾列入先秦四家的另一部代表性歷史著作是《國語》。此書按國別來輯錄有關資料，故得自為一體。但與此同時，劉知幾也明確指出，「其文以方內傳（按此指《左傳》），或重出而小異」。被他歸入同類的，還有著名的《戰國策》[31]。他說：「夫謂之『策』

31 關於《戰國策》的成書年代，以及它是否確如班固所稱為《史記》所取材，目前尚無定論。但這裏有兩點應該可以肯定。首先，從馬王堆漢初墓葬出土「戰國縱橫家書」所載錄的與今本《戰國策》類似的故事可知，無論後一種書籍寫定於何時，先秦時無疑已存在着與其面貌相近的戰國遊說故事的口傳史文本。其次，根據鄭良樹的《戰國策研究》，《史記》有關戰國史的敘事，有將近一半來源於比《戰國策》成書更早、但與之十分類似的一個文本。或許我們有理由把它看作就是一部「元戰國策」。

者，蓋錄而不序，故即簡以為名。」[32]很明顯，無論《國語》、《國策》，其特點也全不在對歷史過程的展開鋪敘方面。

據《國語．楚語上》，在申叔時為教育楚國王子而開列的書目裏，有一種叫做「語」，意即「治國之善語」。《國語》應當就是一種與它相類似的傳授政治語言技能的教科書。這件事表明，曾經在歷史上發生過的各種應對場景或與之相關的其他故事，都可以被當作以往人類經驗的某種例證，用來作為現時代的參照和借鑒。事實上，拿過去的事跡或古人言論當作論證本人主張的一種知識上的資源或者「數據庫」，在戰國諸子中是一種極普遍的文化取向。

百家語中充斥着關於從前或近於當日的各種歷史故事的片斷。除《左傳》、《國語》、《戰國策》等書的講述相對完整詳細外，諸子的大多數著述對這些故事

32 《史通》卷一「六家」。此語中的「序」指時序而言。雖然劉知幾還以「或云」的形式記載了對《戰國策》書名由來的另一種說法，但他本人贊同的，無疑是前者。

的描述往往極其簡略。而且我們很容易發現，同一個故事總有不止一種的版本；有時候雷同甚至完全相同的情節會發生在不相同的主人翁身上。這些版本不同的故事有時也會出現在同一段議論中間，如《韓非子》中「內儲說」、「外儲說」六篇，即以「一曰」的方式記載了許多版本兩兩相異的故事。引用者多不注重於對故事情節本身的辨析求證，而只是把它們當作業經確認的事實或現成的「言說」，用來支持自己的觀點。茲就文化起源的話題舉一事以為例證。《呂氏春秋．勿躬》一口氣數出二十個中國文化的始「作」者：「大橈作甲子；黔如作虜首；容成作曆；羲和作占日；尚儀作占月；後益作占歲；胡曹作衣；夷羿作弓；祝融作市；儀狄作酒；高元作室；虞姁作舟；伯益作井；赤冀作臼；乘雅作駕；寒哀作禦；王冰作服牛；史皇作圖；巫彭作醫；巫咸作筮。」[33] 在這裏，作者主要想

33 在此前第二篇即《呂氏春秋．君守》裏，還提到另外六個始「作」者：「奚仲作車；蒼頡作書；后稷作稼；皋陶作刑；昆吾作陶；夏鮌作城。」這麼多重大而具體的創造活動都不曾被綜合到諸子闡述文化起源的議論裏去，是亦可作為本節開頭那段討論的一個印證。

說明的是，聖王不必親躬「二十官之事」，「然而使二十官盡其巧、畢其能，聖王在上故也」。他根本不在意對「二十官之事」本身一一考證質實，儘管對其中很多始「作」者，當時存在多種不同的說法[34]。不過，因為以上種種原因，而把出現在諸子議論中的故事，統統理解為只是他們為說明道理而隨意編撰的寓言，恐怕仍然是不能使人同意的[35]。我們毋寧把它們看作是被諸子所充分採用的一種極豐富的口傳史料資源。

面對積累得越來越龐大的口傳歷史信息，除了孔子所謂「紂之不善，如是甚矣，是以君子惡居下流，天下之惡皆歸之」，或者孟子言及「盡信書不如無書」

34 例如據《初學記》卷二十五所引諸書，「始作舟」的功勞，便被歸於虞姁、化狐、巧倕、番禺、伯益、共鼓、貨狄等不同的傳說中人。種種說法，應當都有很古老的淵源。

35 吉本道雅在前揭書中，舉韓非把同一故事冠以兩個不同當事人之名的例子說：「很明顯，這些具體人名是為了賦予故事以現實性而適當選擇的結果，所以大概沒有理由把這些紀事作為有關齊宣王、齊湣王或者韓昭侯的實錄來採納吧。」（見頁四十九）吉本的語氣十分委婉，但他似乎還是過分強調了這些故事的寓言性質。

等感想慨歎式的議論，在先秦並沒有發展起一種為驗證其歷史可靠性而對它們進行甄別證偽的必要努力。諸子不一定都會有意去憑空杜撰作為他們論據的那些歷史故事。但他們會在同一故事的不同版本中選擇這種或那種最適合自己需要的說法加以引用；在許多場合，他們講述這些故事與敘述寓言具有相同的功能；他們甚至還完全壓縮了作為口述敘說最基本特徵的情節性而僅僅把它們用作隱喻的符號。因此而獲得強調的，仍然是個別歷史事件的特殊性，而不是那一系列事件之間的內在聯繫。

現在我們看到，歷史學在先秦知識體系中的地位，乃至歷史知識本身的積累、編集與傳習的方式，如何受到把歷史視為道德批判的特殊形式，以及在借古喻今的議論中間把它用作舉證比擬的固定言說這樣兩種取向的決定性影響。這一點其實早已由司馬遷指出來了。他在評論諸家對《春秋》一書的各種闡發時寫道：「儒者斷其義，馳說者騁其辭，不務綜其始終。曆人取其年月，數家隆於神運，譜諜獨記世謚，其辭略，欲一觀諸要難。於是譜十二諸侯，自共和訖孔子，表見《春秋》、《國語》學者所譏盛衰大指。」[36]

在這段話裏，以往存在的各種形式的歷史學解釋被他劃分為兩組。後一組傾向於從曆算、譜牒和陰陽休徵等在當日看來是極重要的角度去考察歷史。但司馬遷大概是不滿於它們對人事作用的忽略，因而認為實不足以憑之「一觀諸要」，即認清歷史中最要緊的那些大關節。對我們現在的討論來說，被納入前一組的那兩種取向更值得注意。所謂「儒者斷其義，馳說者騁其辭」，難道不正是指儒家的道德批判的歷史觀，和諸子以數量龐大的歷史軼聞片段及歷史題材的修辭來增強其論辯說服力的風氣嗎？司馬遷指出，這二者的共同之處在於「不務綜其始終」。他難道不正是在批評這樣兩種論說歷史的思維定勢都忽略了對歷史過程的觀照與表現嗎？他強調應當着重揭示歷史盛衰的大旨，其所欲針砭者，難道不正是流行已久的「斷其義」、「騁其辭」的史學取向之弊端嗎？

36 《史記》卷十四《十二諸侯年表序》。按：引文中的《春秋》系指《左氏春秋》，亦即《左傳》而言。

戰國時期百家爭鳴的局面，因秦始皇接受法家建議，執行滅絕文化的「天下安寧之術」而結束。也許可以認為是「焚書坑儒」政策的一種始料所不及的歷史後果，當西漢惠帝時代正式廢止挾書律之時，對歷史過程的意識在擺脫了歷史學領域中斷義、騁辭之風嚴重約束的情況下，反而很快被激活了。賈誼的《過秦論》對秦國興亡的討論體現了明顯的「綜其始終」的歷史意識。陸賈在《新語》卷上「道基第一」裏對文化起源的思考，也比以前的同類議論遠為精致，並且更帶整體論的特徵。而湧動了數百年之久的歷史過程論思潮，終於在司馬談、司馬遷父子那裏成為突破舊式歷史學範式的主導觀念。《史記》就是在這樣的背景中誕生的。

所謂歷史學的範式，是在史學體裁和史學觀之間的互動中形成的。同一種史學體裁也可能被用來表達差異很大的歷史觀。但在另一方面，新史學觀的確立，有時確實需要找尋到某種能夠支撐它的新史學體裁，方才得以實現。《史記》由「本紀」、「表」、「書」、「世家」、「列傳」五部分構成（後世「正史」將之調整為本紀、表、志、列傳四部分）。就各部分的體裁或其命名而言，大部分並非全然出自司馬談、司馬遷父子的創造。本紀、世家不必說，就是趙翼所謂「八書乃史遷所創」，恐怕也只就確立「書」這一名目的意義上才是正確的。八書「述典章經制」的體例，在《尚書．禹貢》的寫作時代已經相當成熟了。《國語．楚語上》謂：「教之故志，使知興廢者，而戒懼焉。」這裏的「故志」，也應當是記述典章制度的文獻。被鄭樵高度評價為「《史記》一書，功在十表」的諸表部分，其形制也因阜陽雙古堆漢簡的出土，被證明是有更早先的祖型作為借鑒的，只是「表」的名稱似尚未見前例而已。趙翼又說，「其專記一人為一傳者，則自遷始。」[37] 這個說法也久已遭到後來學者的質疑。《史記》的貢獻，其實並不在於它獨創了以上種種記錄體裁及其名目，而是在於對它們加以創造性的利用，從而構

37 趙翼之語見《廿二史劄記．各史例目異同》。

成一種前所未有的綜合的歷史敘事，構成一種有意識地展現其變遷過程的、多層面的、並且包含着不同文化實體的多元歷史。

因此，本文以下部分要着重探討的問題便是：借助於他們所創造的歷史敘事新體裁，司馬氏父子在《史記》中表達了怎樣不同於過去的歷史觀念[38]？

38 關於直到一九八〇年代前期為止的學術界對《史記》在中國歷史編撰學史中的定位問題，迪·考斯默（Necola Di Cosmo）在他的《古代中國及其敵人：東亞歷史上遊牧政權的興起》（劍橋：劍橋大學出版社，二〇〇二年）一書第七章（「『逐水草而居』：《史記》對中國北疆種族學及歷史的記述」）裏，已做過一個簡要的述評，可參閱。本文對在這之後發表的若干有關見解的討論詳後。

五

《史記》關於先秦的歷史記載，絕大部分來源於此前業已存在的各式各樣的書面文獻。茲將《史記·周本紀》有關先周史的敘述及其知識來源比照如下表[39]：

《史記·周本紀》記事	知識來源
1. 始祖棄的系譜	《大戴禮·帝繫》
2. 姜嫄履巨人跡而懷棄的故事；棄成年後教人耕稼	《詩·大雅·生民》
3. 帝堯舉棄為農師，天下得其利	?

39 此表摘引自吉本道雅前揭書，頁七十四—七十六。

（續上表）

《史記·周本紀》記事	知識來源
4. 舜任棄為后稷	《尚書·堯典》（今本《舜典》）
5. 棄封於邰，別姓姬氏	系譜資料
6. 后稷卒，子不窋立	系譜資料
7. 不窋末年夏後氏政衰，去稷不務，不窋以失其官而奔戎狄之間	《國語·周語上》
8. 不窋、鞠、公劉的世代繼替	系譜資料
9. 公劉的業績	《詩·大雅·生民》
10. 公劉至慶節的世代繼替	系譜資料
11. 慶節居豳	系譜資料
12. 慶節之死至古公亶父即位	系譜資料
13. 古公亶父復修后稷、公劉之業，積德行義，國人皆戴之	《國語·魯語上》

（續上表）

《史記・周本紀》記事	知識來源
14. 受薰育戎狄之攻，遷居歧山	《詩・大雅・緜》；《孟子・梁惠王下》；《莊子・讓王》；《呂氏春秋・審為》；《尚書大傳》三；《毛詩傳》；《淮南子・道應》）
15. 古公三子，少子季歷生昌	《詩・大雅・大明》、系譜資料
16. 太伯、虞仲相繼為讓權於季歷而逃	《左傳》「僖公五年」、「哀公七年」；《論語・泰伯》；《論語・微子》
17. 古公卒，季歷立，是為公季	系譜資料
18. 季歷的業績	《詩・大雅・皇矣》
19. 公季卒，子昌立，是為西伯，西伯曰文王	系譜資料
20. 西伯的業績	《尚書・無逸》
21. 伯夷、叔齊之歸服	《孟子・盡心上》
22. 太顛、閎夭、散宜生、鬻子、帝甲之歸服	《尚書・君奭》
23. 紂王因崇侯之讒而幽閉西伯	《尚書大傳・西伯戡耆》；《淮南子・道應》

（續上表）

《史記．周本紀》記事	知識來源
24. 紂賜西伯弓矢斧鉞	《禮記．王制》（？）
25. 西伯獻洛西之地以請紂去炮烙之刑	《韓非子．難二》
26. 虞、芮相爭，如周求質，未見西伯即自慚而還，諸侯皆謂西伯「蓋受命之君」	《詩經．大雅．緜》；《毛詩傳》；《尚書大傳．西伯戡耆》
27. 伐犬戎	《詩經．大雅．緜》；《尚書大傳．西伯戡耆》
28. 討密須	《詩經．大雅．皇矣》；《尚書大傳．西伯戡耆》
29. 伐耆，祖伊諫紂	《尚書．西伯戡耆》並序
30. 討邘	《尚書大傳．西伯戡耆》
31. 伐崇侯虎	《詩經．大雅．文王有聲》；《左傳》「僖公十九年」；《詩經．大雅．皇矣》
32. 建豐邑，自岐遷都	《詩經．大雅．文王有聲》
33. 明年西伯崩，太子發立，是為武王	系譜資料
34. 西伯蓋在位五十年	《尚書．無逸》

（續上表）

《史記·周本紀》記事	知識來源
35. 文王作六十四卦	《易》說（？）
36. 文王受命之年稱王而斷虞芮之訟	《詩》說（？）
37. 謚為文王，改法度、制正朔。追尊古公為太王，公季為王季。蓋王瑞自太王興	《禮記·中庸》;《禮記·大傳》

根據上表，《史記·周本紀》所見先周史，實由三十七則從先已存在的文獻記載中摘引出來的片段聯綴而成。表內所謂「系譜資料」，並不是指今天廣為人知的著名的《世本》。就《世本》佚文與《史記》內容存在不少抵牾來判斷，班固在《漢書·司馬遷傳》的「論讚」中稱司馬遷引用《世本》的說法或許難以成立。但他一定還有與《世本》類似的其他系譜資料作為追述先周世系的根據（或許《史記·三代世表序》提到的《尚書集世》就是這樣的系譜資料之一）。剩下的二十八則之中，第三則、第三十五則和第三十六則的具體史源不克詳知，但它

們一定是來自於當時流行的對《詩經》及《易》進行解說的資料。第三十六則被司馬遷作為「詩人道」加以稱引，或可看作該說出於《詩》說的間接證據。第二十四則的史源也難以確認。《禮記．王制》稱，「諸侯受王賜弓矢以行征伐，賜鈇鉞以行刑殺，賜圭瓚以行祭祀」。《史記》所言，或即本此。除了以上四則，還有二十四則記事的資料來源都很容易確定。在這些史源中，除《尚書》、《詩經》而外，其成書年代都不早於戰國。吉本道雅指出，從這個意義上說，《史記．周本紀》關於先周時代的記述，很難被完全看作是先周史的實錄；在很大程度上，它所反映的其實只是戰國秦漢時代對於先周史的認識[40]。

40　吉本道雅前揭書，頁七十八—七十九。鑒於《史記．周本紀》的記載多受後世資料的局限，利用遺存豐富的金文來補正它的某些說法，就變得十分必要了。例如白川靜指出，《周本紀》說：「故成康之際，天下安寧，刑措四十餘年不用。」惟這一時期的金文顯示出，此時西周戡定作戰的規模最大，軍事行動也極頻繁。又如對周懿王時期，《周本紀》僅云「王室遂衰，詩人作刺」。這當然有「三家詩說」為據。但西周廷禮冊命形式的金文之確立正在共王、懿王朝的時期，所以我們毋寧把它看作是周王朝政治秩序的完成期。見白川靜《西周史略》，《白鶴美術館志》第四十六輯（一九七六），京都：白鶴美術館，頁四。

如果說對上面這句話還需要稍作修正，那就是《史記．周本紀》不但反映了戰國先秦時代對先周史的認識，而且也是對此前先周史認識的一次重要提升。司馬遷超越前人的貢獻就在於，他把零散地存錄在主題、體裁、詳略程度、議論角度都大相徑庭的各色各樣著述之中的值得採信的信息，一一予以搜檢和甄別，並將它們置於年代的序列中予以通貫、系統的理解和表述。這樣，從棄的出生和他見知於帝堯，到不窋在夏末率部離開中原核心文化區而西遷於「戎狄」之間，再經公劉復興祖業，到文王使諸侯臣服並引起與商王的磨擦，周人早期的事跡在一部歷史著作裏第一次得到這樣完整而連續的展開。西漢前期所積存的歷史文獻的總量並不太大。司馬遷的卓越之處，似乎還不在於他刪拾捃摭舊文的功夫，而恰恰在於他那種力求原始察終的歷史學意識。

將過去作為一個變遷過程來把握、認識和表現的追求，並不局限於對先周史或者其他某些特殊論題的敘述當中，而是全部《史記》最顯著的特色之一。有些歷史過程因司馬遷的發覆之功而變得如此眾所周知，以至於人們幾乎忘記了，這一看似簡單的事實在司馬遷之前其實並非那般不言自明。《史記．周本紀》的結語寫道：「太史公曰，學者皆稱周伐紂，居洛邑。綜其實，不然。武王營之，成王使召公卜居，居九鼎焉，而周復都豐鎬。至犬戎敗幽王，周乃遷徙於洛邑。所謂周公葬我畢，畢在鎬東南杜中。」如果西周、東周之分在當時早已是一種歷史的常識，司馬遷為何還要寫這樣一段話來結束《周本紀》？

《史記》採用了很多方式，來突現歷史變動的過程性。

想必主要是由於資料不足的緣故，《史記》對周以前的歷史着墨不多。因此，除了被司馬遷包括在「近世」內的西漢前期以外，《史記》的周、秦二本紀，以及十二諸侯和六國年表，從時間上大體覆蓋了《史記》所要重點加以描述的那一整個階段，而它正是理解和把握秦漢歷史局面諸特徵及其大體走向的根基和前提。因此，司馬遷力圖展示對長期歷史演變之動態的用心，也特別清楚地顯現在上述二紀及二表序言之中。在這個意義上，二紀及二表序可以說是《史記》全書的關鍵性篇章。

《史記．周本紀》對先周史的記載，已見於前文分析，此不贅。在武王滅周、周公平定管蔡之亂並歸政成王之後，司馬遷寫道：「故成康之際，天下安寧，刑措四十餘年不用」。接下去是一長段下坡路：「昭王之時，王道微缺」，而穆王時代則最先顯現「王道衰微」的跡象；其間雖稍「復寧」，但因穆王不聽諫而執意伐犬戎，遂使「自是荒服不至，諸侯有不睦者」。這時周作「五刑之屬三千」，表明社會內部關係亦漸趨緊張。至懿王，「王室遂衰，詩人作刺」。及至厲王時，司馬遷更借諫臣之口，一再宣示「王室其將卑乎」，「民不堪命矣」。這一趨勢因國人逐走厲王、共和行政而得以中止。「宣王即位，二相輔之，修政，法文、武、成、康之遺風。諸侯復宗周」。但宣王中興不過維持了三四十年。幽王即位後，「西周三川皆震」，周太史官感歎「周將亡矣」。結果是幽王見殺於犬戎，平王東遷於洛邑。司馬遷用簡潔的語言歸納平王在位五十一年的局勢說：「平王之時，周室衰微。諸侯強並弱，齊秦楚晉始大，政由方伯。」但這一切在平王時代不過剛剛開始而已。本紀關於桓王時期一共記載四件事，分別為鄭莊公朝天子而桓王不待之以禮、鄭與魯易許田（亦即《史記．楚世家》所謂「鄭侵天子之田」）、魯國殺隱公、鄭拒王師而射王中肩。這全是封建禮制從上到下崩潰的信號。接下去是齊桓公始霸，晉文公以諸侯召天子會於踐土，楚莊王問鼎輕重。周威烈王二十三年，「九鼎震。命韓、趙、魏為諸侯」。顯王時，「諸侯皆為王」。全篇本紀以秦莊襄王滅東、西周，「東、西周皆入於秦，周既不祀」結束。

如果說《周本紀》是鳥瞰式歷史敘事的比較翔實的文本，那麼前述二表序言則是其更精練的簡寫本。《史記．十二諸侯年表序》概括西周末至魯哀公獲麟時期的史事說：

> 周道缺，詩人本之衽席，《關雎》作。仁義淩遲，《鹿鳴》刺焉。及至厲王以惡聞其過，公卿懼誅而禍作。厲王遂奔於彘。亂自京師始，而共和行政焉。是後或力政，彊乘弱，與師不請天子，然挾王室之義以討伐，為會盟主，政由五伯。諸侯恣行，淫侈不軌。賊臣篡子滋起矣。齊秦晉楚，

其在成周微甚，封或百里、或五十里。晉阻三河，齊負東海，楚介江淮，秦因雍州之固。四國迭興，更為伯主，文、武所褒大封，皆威而服焉。

《史記．六國年表》則這樣追述七國僭禮用詐至於秦兼併天下的歷史：

> 至犬戎敗幽王，周東徙洛邑。秦襄公始封為諸侯，作西畤，用事上帝，僭端見矣。……今秦雜戎翟之俗，先暴戾，後仁義，位在藩臣而臚於郊祀，君子懼焉。及文公逾隴，攘夷狄，尊陳寶，營岐雍之間。而穆公修政，東竟至河，則與齊桓、晉文中國侯伯侔矣。是後陪臣執政，大夫世祿，六卿擅晉權，征伐會盟，威重於諸侯。及田常殺簡公而相齊國，諸侯晏然弗討，海內爭於戰功矣。三國終之卒分晉，田和亦滅齊而有之。六國之盛自此始。務在強兵並敵，謀詐用而從衡短長之說起。矯稱蜂出，誓盟不信。雖置質剖符，猶不能約束也。秦始小國僻遠，諸夏賓之，比於戎

翟。至獻公之後，常雄諸侯。論秦之德義，不如魯、衛之暴戾者；量秦之兵，不如三晉之強也。然卒並天下，非必險固便、形勢利也。蓋若天所助焉。

除了賈誼，在司馬遷以前，從來沒有人像他這樣地討論歷史。這裏有才具的問題，有大量地積累歷史知識的問題，但更重要的是，只是到司馬遷前後，人們才具備了通過歷史書寫的形式把過去作為一個不斷變遷的動態的過程來理解和呈現的成熟意識。

二本紀和二表序言，為《史記》對秦統一前全部歷史敍事構建了一個系統的解釋框架。其中有許多典型事件，作為象徵某種特定形勢或特定時間段的背景標識，不斷地被司馬遷在不同場合反覆提及。乍看起來，他在那些場合所交代的史實，與諸如齊桓始霸、魯三桓強於公室、晉六卿始大或田常弒君等等事件並無直接聯繫。但一經這些標識的提示，原先看起來很可能是孤立的事情，就被放置到上述解釋框架的整體系統中去了。

用簡練的語言提示出長期歷史演變中的若干關節點，從而顯現該過程基本趨勢的寫作方法，當然也不只使用在前面提到的本紀和二表序裏。《史記．趙世家》相繼以「自叔帶以下，趙宗益興」，「晉由此大夫稍強」，「晉國之政將歸六卿」（引叔向語），「晉宮室由此益弱」，「趙名晉卿，實守晉權」，「於是趙北有代，南並知氏，強於韓、魏」等語，標示出趙國從始建其氏於晉國直到成為三晉之強者的發展歷程。有時候，《史記》還會以概括性的重敍，來強調某種長時期的脈絡。《史記．吳世家》緊接着「夢壽立而吳始大，稱王」之後補充說：「自太伯作吳，五世而武王克殷，封其後為二。其一虞，在中國，其一吳，在夷蠻。十二世而晉滅中國之虞；中國之虞滅二世，而夷蠻之吳興。大凡自太伯至夢壽十九世。」這樣的交代極便於把視歷史為某種過程的意識傳達給讀者。

為了充分揭示往往呈齊頭並進狀態的若干條線索之間的共時性關聯，《史記》設計了十表。其中一為世表，一為月表，其餘都是年表。趙翼指出，年表的一個好處，是可以用來記載那些「傳之不勝傳，而又不容盡沒」的人物，這是有道理的。但是諸如《十二諸侯年表》、《六國年表》、《秦楚之際月表》等卻完全不是這種情況。茲舉《六國年表》為例。自孔子「獲麟止筆」到戰國中葉為止史料記載的缺乏，早已由顧炎武在《日知錄．周末風俗》中指明。諸子文獻很少紀年，再加上秦始皇焚毀諸侯史記，導致《史記》的戰國紀年幾乎只能以「秦紀」作為依據。因此《史記》戰國部分的寫作，很可能是先根據相對豐富的秦代史料編成《秦本紀》，而後將《秦本紀》中關涉六國的信息分散到有關各國，制成《六國年表》。再據年表、各國君主譜系和戰國故事寫成韓、趙、魏、楚、燕、齊等世家的戰國史部分。被《史記》戰國史部分利用過的「秦紀」以外的諸侯紀年資料，可能只有敬侯元年（前三八六）以後的趙國編年史。司馬遷以此寫成《趙世家》，並用它來補充《六國年表》的相關記事。《史記》各篇中有關戰國紀年的不一致，便可以部分地從這裏得到解釋[41]。

關於六國的史實，對司馬遷來説不是太多，而是太少了。因此他苦心編制《六國年表》，顯然不在用它來記載那些記之不勝記的事跡，恰恰是為了更有力地揭示，處於此刻或彼刻之同一時間平面上的諸多政治實體各自的演變狀態及其如何相互關聯，從而在多頭並進的歷史變動之中，把握某種相對統一的節律。他説《六國年表》所記，「凡二百七十年，著諸所聞興壞之端」，其所指應當就是這個意思。

《史記》諸表及世家的部分對各諸侯國的不同排列次序，也很值得注意。除秦被列為本紀以外，可將《史記》「世家」部分對春秋、戰國時期十九國的排列順序劃分為三組，即：

41 有關《史記》中戰國史料的討論，本文主要依據的是藤田勝文在其著作《史記戰國史料的研究》（東京：東京大學出版社，一九九七年）裏的見解。參見該書頁一〇五—一二一、頁二六〇—二六一及頁二七九—三〇六。

吳、齊、魯、燕、管、蔡、曹、陳、杞；

魏、宋、晉、楚、越（？）、鄭；

趙、魏、韓、田敬仲完。

其中從齊至杞九國，受封於周武王時期。吳的封授未確見於文獻，但司馬遷顯然相信太伯、仲雍奔荊立國的傳説，所以也把它列為最早的諸侯。成王時分封了魏、宋、晉、楚，加上宣王時分封的鄭，凡五國；越國據《韓詩外傳》，「亦為周室列封」，但始封的時間失載。趙、魏、韓分封於周威烈王時，加上安王時受封的田齊，東周所封共四國。是知世家對列國的排列順序系依據其受封時代無疑[42]。

42 伊藤德男《〈史記〉的構成與太史公的心聲》，東京：山川出版社，二〇〇一年，前揭書，頁二十一—二十一。

但在《史記》諸表中列國的排列順序便與世家排列頗有不同：

三代世表　　周、魯、齊、晉、秦、楚、宋、衞、陳、蔡、曹、燕

十二諸侯年表　　周、魯、齊、晉、秦、楚、宋、衞、陳、蔡、曹、鄭、燕、吳

六國年表　　周、秦、魏、韓、趙、楚、燕、齊

三代世表與十二諸侯年表的排列順序基本相同。周以宗主列置首位；魯以《春秋》史文之所從出而居次；齊、晉、秦、楚俱以先後稱霸一時的強國而列於魯後。剩下的諸國，則分別按公（宋）、侯（衞、陳、蔡）、伯（曹、鄭、燕）的爵位高低列置；吳則以蠻夷而向化華夏，《春秋》以「吳子」稱之，所以被排

在最後[43]。但是《六國年表》的排列順序就不一樣了。除將名義上的共主（至少戰國前期仍如此）周排在首位以外，後來統一天下的秦國的位序排到其他六國之前；而剩下的六國，基本上是按照與秦發生密集對抗或者被秦並滅的時間先後來列置的[44]。這完全是一個以秦為中心的序列。

所以，如果說《史記》在世家十九國的排列上展現了分封制逐漸擴張的過程，那麼它在三表的列國位置中表達的，則是封建等級制度怎樣被春秋時代的霸政所侵蝕，又怎樣被以秦國為首的戰國諸雄最終顛覆的歷史動向。假如這種見解還不過於牽強，那麼它正好可以說明司馬遷對歷史的過程性是多麼在意。甚至在相當細節性的安排上，他都堅持要着意將它彰顯出來。

43 見吉本道雅前揭書，頁一五四—一五五。又按文獻記載中西周的五等爵位制與今存金文資料所反映的當時實況似不符合。但《史記》是相信「周封五等，公侯伯子男」之說的（見《史記．漢興以來諸侯年表》「太史公曰」）。又按：吳之所以稱子，據《春秋》「定四年」、「哀十三年」公羊傳，是因為吳本夷狄，而能「憂中國」，乃至以中國禮儀主持會盟。

44 伊藤德男前揭書，頁三十一—三十三。

六

《史記》還通過增減有關記事的方式來蓄意地突出歷史變遷的過程性。試比較《史記．十二諸侯年表》與《史記．楚世家》關於楚國的莊王、共王、康王、靈王與平王等連續五王在位期間的記事條目[45]：

	莊王	共王	康王	靈王	平王	昭王
楚表	十	一八	七	八	一二	一二
楚世家	一二	一	一	一三	一五	一五

45 藤田勝久前揭書，頁四〇四—四〇八。

上表很清楚地表明，楚世家關於共王、康王的記事被大幅度縮減。楚莊王被司馬遷認為是在春秋時能夠接續其殷周先祖重黎、吳回、粥子、熊繹、熊渠的賢主（《史記．太史公自序》）。從莊王到靈王是楚國在春秋時代的發展期；而靈王末至平王則成為楚轉入衰退的時期。共王、康王期間諸多記事的省略，就將從莊王到平王時代的歷史變遷連續性更清楚地突現出來了。

《史記》對口傳故事的使用，也往往集中於能鮮明地體現歷史變化關節的那些時期。楚世家對春秋時代楚國史的記述，即在莊王、靈王及平王時期插入了許多故事。而在戰國時代，這一類故事除有一則出現在威王時代外，大都集中在懷王期。它們講述懷王如何拒絕陳軫、屈原的諫言而輕信張儀，被秦扣留的過程。最後在頃襄王時又配有兩則故事，交代了楚國試圖復興合縱的失敗，從而顯示出楚國滅亡的結局。在《史記．秦本紀》的春秋史部分，這一類故事也集中地被安排在秦穆公時期，而司馬遷恰恰把秦穆公看作與齊桓、晉文具有相同地位的霸者

（《史記．六國年表序》），因而把他的時代視為秦國歷史非常重要的發展時期[46]。

這裏需要補充指出的是，先秦時代的文獻往往以書面的和口傳的兩種形式流傳。因此所謂「口傳故事」，實際上主要並不指其口傳形式而言。它的基本特徵，是具有相對詳贍具體的情節、場景乃至人物對話等等的描寫，因而明顯地不同於編年記事中那種簡略的、往往是單句式的敍事。當然這種形式的敍事在口傳過程中更容易發生變異，分化為許多種不同的版本。其中有些也會被編入相對固定的「文本」（如《左傳》、《國語》），或者作為諸子學說中口頭傳承的組成部分，有些則變形為接近「寓言」或所謂小說家言的言說。藤田勝久力圖用日語漢字「記事」、「故事」以及「説話」（即漢語的「故事」）來對它們進行區別。但這樣做實際上是相當困難的。因此我們在這裏將與編年紀的簡明敍事風格不同的情節描寫全部籠統地稱為口傳故事。

46　藤田勝久前揭書，頁二四二—二四六。

司馬遷大量引述口傳故事，也給《史記》帶來了某種難以否認的缺憾。顧頡剛很早就指出過，司馬遷以「整齊」諸家之說為其編寫方針，力求把各種來源的資料綜合在同一個敘事系統裏，結果給他的著作帶來許多互相矛盾的記述[47]。前面已經提到，《史記》有關戰國史的敘事，可能有將近一半來源於比今本《戰國策》更早的一個「元國策」文本，它顯然不屬於嚴格意義上的歷史記載，因此有古人稱司馬遷「大膽莽撞」。關於這一點，杜蘭特寫道：「只有那些不顧一切地把司馬遷當作一個全方位的歷史學家來崇拜的人，才會為他辯護說，這位漢代歷史學家曾經用心地考量過，在大部分出自那本『元國策』的種種巧妙的陰謀故事

47 曾國藩亦因此目《史記》為「大半寓言」。章太炎曾舉揚雄以《太史公書》為實錄而批評曾國藩說：「遷雖才，屬辭不過景帝以下，前即伯夷、老、莊、孟、荀，其他結集與施訓故而已。如六國分裂之世，奇材固多。悉棄則不忍，悉信則非國史所傳。是為移寫其文，不敢有增損，以廁傳疑之列。乃所以為實錄也。若寓言者，可以為實錄乎哉？」見章氏《讀〈太史公書〉》，《章太炎全集》，上海：上海人民出版社，一九九九年，第五冊，頁一二〇。

裏，究竟哪些才是經得起推敲、因而值得寫進嚴肅的歷史敘述裏去的。」在杜蘭特看來，司馬遷既是嚴肅的歷史學家，又是有點華而不實的軼聞編纂者。因此在《史記》裏，歷史學的標準經常被「故事本身的打動力」所取代，從而使司馬遷失去對書寫的控制[48]。

另一個顯著例子是孔子的傳記。司馬遷在其中引用了《論語》的大約五分之一篇幅，涉及其全部篇目的六分之五。可以設想，僅僅為了把這麼多孔子言論分別置入合適的上下文情景，司馬遷就需要採納多少有關孔子的故事在他的傳紀中。杜蘭特高度評價《史記．孔子世家》：「儘管有關孔子故事和傳說的豐富積存遠早於司馬遷的時代業已存在，但從來沒有人試圖將它們組織到一部『傳記』中去。因此，《史記》卷四十七……是中國歷史上嘗試撰寫這位大師一生行跡的最

48 杜蘭特（Stephen W.Durrant）《模糊的鏡子：司馬遷著作中的張力與衝突》，阿爾巴尼：紐約州立大學，一九九五年，頁一〇三—一〇四。

初努力。它不但在司馬遷的著作中，同時也在中國文化史上擁有重要的地位。」但在另一方面，雖然不完全讚同崔述、沙畹乃至顧立雅對《史記．孔子世家》在資料處理方面的尖銳批評，他還是承認：「司馬遷在保持孔子傳記中各種事實的一致性方面，……不能說是完全成功的。在他之後的幾個學者已經將留存下來的各種資料重加編排，形成了這樣或那樣更有說服力的解釋框架。」[49]不過，在斷言司馬遷「違反」了對史料進行必要辨析的基本規範時，我們也許應當更加謹慎。畢竟在他的時代，被今天看作是歷史研究最基本的這些規範本身，尚在形成的過程中。司馬遷對此顯然已經有了某些十分樸素的感覺，我們不可以在這方面

49　杜蘭特前揭書頁二十九—三十六、頁五—六等處。按顧立雅（H.G.Creel）認為，司馬遷在他的孔子傳裏表達的，是一種普遍地將儒生，尤其是將孔子視為「言不由衷」、「虛假偽善」的「親道家」立場；《史記．孔子世家》總體上是一篇小心地隱含有「諷刺」的作品。杜著則主張，司馬遷因為過分相信那些來源龐雜的史料而把某些取向曖昧、甚至否定孔子的故事寫進傳記的事實，不應當使我們因此就忽視另一個事實，即《史記．孔子世家》的總體目標是要贊美孔子保存和傳播古代文化的功績。可參閱該書對《史記．孔子世家》所進行的新闡釋。

對他懷有更高的期許。

以上討論想來應當可以證明，司馬遷是如何通過對歷史資料的搜集、剪裁、編排和綜合，來精心表達自己的過程論歷史觀的。他援引孔子的話說：「我欲載之空言，不如見之於行事之深切著明也。」雖然極讚成孔子的這個主張，但他遠遠不能滿足《春秋》式的歷史記載在「見之於行事之深切著明」方面所達到的程度。所以他又借回應壺遂謂孔子「作《春秋》，垂空文以斷禮義，當一王之法」的機會，在肯定《春秋》以「採善貶惡，推三代之德，褒周室」為特徵的同時，宣稱自己的著作是「述故事，整齊其世傳」，因而不應與《春秋》相提並論。司馬遷所謂「述故事」，可以說有一點「讓歷史自己說話」的意思。但更準確地說，他其實是要讓歷史按他所理解的方式來自行說話。而支撐着其理解方式的最基本觀念，應當就是他對歷史過程論的自覺意識。這是司馬遷能夠超越他的前輩及其同時代人的最關鍵因素之一。

不過司馬遷並沒有走得如人們也許會希望於他的那樣遠。《史記》的過程史觀，是表達在它對一系列歷史事件的具像描寫之中的。作者似乎無意從這個過程中去尋找某種單一的、簡單化的、帶有終極原因色彩的變化推動力。

一般地說，《史記》總是十分重視人的主觀意志及行動的歷史作用。所以書中不斷強調「安危之機，豈不以謀哉」（《史記·孝景本紀》「太史公曰」），慨歎「夫計之生孰成敗，於人也深也」（《史記·韓王信盧綰列傳》「太史公曰」）。它這樣批評項羽所謂「此天亡我，非戰之罪也」的檢討：「謂霸王之業，欲以力征。經營天下五年，卒亡其國。身死東城，尚不覺寤，而不自責，過矣！乃引天亡我，非用兵之罪也。豈不謬哉！」（《史記·項羽本紀》「太史公曰」）個人對歷史的影響有時甚至被司馬遷估計得超乎尋常地深遠。在他看來，「燕北迫蠻貉，內措齊、晉，崎嶇強國之間，最為弱小，幾滅者數矣。然社稷血食者八九百歲，於姬姓獨後亡，豈非召公之烈耶？」（《史記·燕世家》「太史公曰」）越王後人世代為侯，乃至項羽前期的成功，也被他認為與先祖（即禹和舜）的「遺烈」有關。

不過，《史記》同時也充分意識到，人的主觀意志及行為必須被放置在它與當時政治、經濟、文化等外部客觀環境之間的張力中間加以評價和認識。它比較范雎、蔡澤在關東與秦的不同遭遇說，兩人都在關東「白首無所遇」，而西入秦則「繼踵取卿相」，此乃取決於其所遊說之國的「強弱之勢異也」。不但如此，個人才能與二者相當「而不得盡其意，豈可勝道哉」！由此可知士有遇與不遇的差別，其命運並不完全決定於他們的才具本身（《史記．范雎蔡澤列傳》「太史公曰」）。司馬遷寫道，齊在春秋稱霸，不僅因為有「太公之聖」、「桓公之盛」，而且也由於「其民闊達多匿知」的「天性」（《史記．齊世家》「太史公曰」）。相反的情形是，漢衡山王以謀逆而亡國，此「非獨王過也，亦其俗薄，臣下漸靡使然也。夫荊楚慓勇輕悍，好作亂，乃自古記之矣」（《史記．淮南衡山列傳》「太史公曰」）。

人們身臨其間的總體社會環境，《史記》或以「形勢」名之。這種「形勢」有時候是無可抗拒的。如「厲、幽之後，王室缺，侯伯彊國興焉，天子微，弗能正。非德不純，形勢弱也」（《史記．漢興以來諸侯年表序》）。有時候人也可能駕馭形勢，但必須有得當的策略。漢初諸侯強盛，晁錯以「刻深」用術而「侵削諸侯，別疏人骨肉」，結果導致七國之亂；漢武帝用主父偃建言，行推恩法分析強藩，方才扭轉局面，再造「強本幹、弱枝葉之勢」。形勢的慣性是長期過程的產物，但它又處在不斷的變化中。人的主觀動機必須與「形勢」相協調。《史記》以「與時變化」或「不知時變」論人成敗，正是出於此種認識。它總結秦政之敗說：「夏之政忠。忠之敝，小人以野，故殷人承之以敬。敬之敝，小人以鬼，故周人承之以文。文之敝，小人以僿。三王之道若循環，終而復始。周秦之間，可謂文敝矣。秦政不改，反酷刑法，豈不繆乎！」（《史記．高祖本紀》「太史公曰」）

人可以通過許多方式來感知他所處的形勢。其中之一是觀星象、望雲氣。《史記．天官書》說：「禮、德、義、殺、刑盡失，而填星乃為之動搖」；「景星者，德星也，其狀無常，出於有道之國」。從這些話看，天象似乎是對人間政局的反映。但在另外一些例子裏，天人之間的對應關係孰因孰果就不容易辨別了。如「月行中道，安寧和平」；其若曆太陰之道，則「大水，兵」；曆陽星或太陽之道，則或「多暴獄」，或「大旱喪」也。其中似乎存在着某種來自天運的對於人間社會的支配力。在這一點上，司馬遷和班固的見解似乎頗有差異。班固完全把天象看作對人事的反應和告誡。《漢書．天文志》寫道：「此皆陰陽之精，其本在地，而上發於天者也。政失於此，則變見於彼，猶景之象形，響之應聲。」是在地為形為聲，天變為影為應也。但《史記》卻反過來把天變理解為形，而人事是其應：「由是觀之，未有不先形見而應隨之者也。」它並沒有明確「形」本身的根源又是什麼。《漢書．天文志》對此語不予採納，看來不是偶然的。

司馬遷寫道：「夫天運三十歲一小變，百年中變，五百載大變。三大變一紀，三紀而大備。此其大數也。為國者必貴三五，然後天人之際續備。」正因為人無法透徹地理解天意，所以他們往往無法對有些涉及重大歷史關節的事件作出清楚的解釋。司馬遷論秦發跡的緣由說：「秦始小國僻遠，諸夏賓之，比於戎翟。至獻公之後，常雄諸侯。論秦之德義，不如魯衞之暴戾者；量秦之兵，不如三晉之強也。然卒並天下。非必險固便，形勢利也。蓋若天所助焉！」（《史記．六國年表序》）在《史記．秦楚之際月表序》裏，他先列舉前代受命者都須積善累功長達數十年甚至十餘世的事實，然後指出，秦楚「五年之間，號令三嬗」，「卒踐帝祚，成於漢家」。在他看來，漢朝一統天下之易，同樣只有用「豈非天哉」，用「非大聖孰能當此受命而帝者乎」來解釋。司馬遷把人的理性所無法把握的現象歸因於天，亦或歸之於「命」。因此歷史的過程實由來自天、人兩方面的動力所演成。司馬遷所謂「究天人之際」，大概就是要追究歷史演變中天意與人事因素這兩大範圍之間的界限所在[50]，從而得以「深觀時變，察其精粗」。

50 此用徐復觀說，見徐氏前揭書，卷三，頁一九八。

所以，「究天人之際」，實際上就是承認並且要探察人類認知和理解歷史變遷的最高邊界，並且為超乎這一邊界的歷史現象保留觀想的空間。司馬遷生活在帝制儒家「天人合一」的神秘主義思潮迅速崛起的時代。「究天人之際」的主張出現在這樣的思想背景之下，使司馬遷試圖超越其主觀認識的限制而尊重歷史敘事客觀性的努力顯得格外可貴。

七

司馬遷對歷史的再現，並沒有像《春秋》、《左傳》或先秦的其他歷史著述那樣局限在政治史這一個層面上。W．J．皮特森認為，《史記》是一部類似於布克哈特的《意大利文藝復興時代的文化》那樣的「文化史」。他引用W．弗古孫的話說，這類文化史具有如下幾項重要特徵：一、敍述的而不是分析的；二、總體的但非系統的；三、按主題編排而不完全是編年的；四、儘管承認「政府」的重要性，但不只關注政治過程，相反卻強調形形色色的個人及其道德自主；五、寫作意圖來自對當前文化狀態的不滿[51]。寫作這樣一部「文化史」，對作者的天

51　皮特森（Willard J.Peterson）《作為文化歷史學家的司馬遷》，載同氏主編《文化的力量：中國文化史研究》，香港：香港中文大學出版社，一九九四年，頁七十七。

賦、思想創造力和道德上的勇氣都是一種嚴峻的挑戰。

《史記》的「八書」，是在軍事及政治事件的範圍以外，對當日中國歷史上各種重大集體經驗的簡明而系統的陳述。儘管這些知識在司馬遷之前早已存在，但他們只是分別在職司相關事務的專業人群內世代傳承；正如班固追述律曆算術的由來時所說，「宣於天下，小學是則。職在太史，羲和掌之。」[52]也儘管其中某些知識早已被片斷地記入過史冊，如《春秋》中的「石隕於宋五」或「六鳥退飛」之類。甚至有少數已經具備專題的單篇歷史著述的形式，如《尚書・禹貢》。但是只有在司馬遷的手裏，它們才作為系統考察的對象，第一次被比較全面地整合到一部綜合的歷史著作中去。

十分可惜的是，《史記》「八書」中，有三篇即〈禮書〉、〈樂書〉與〈律書〉，連同景帝、武帝的本紀等共十篇，在班固之前已經亡失。由於揭出此事的張晏只

52 《漢書》卷二十一〈律曆志上〉。

提到今本《史記》裏的〈武帝本紀〉、〈三王世家〉、〈龜策列傳〉和〈傅靳列傳〉四篇為元、成之際的褚少孫所補撰，所以直到最近還有人主張，今本〈禮書〉、〈樂書〉乃至〈律書〉中的言兵部分，其實仍是「史公的原璧」。但這種看法是十分靠不住的。今見禮、樂兩書的主體部分由抄錄《荀子》、《禮記．樂記》等書拼湊而成，史實少而議論多，這不符合司馬遷所心儀的「載之空言，不如見之行事」的原則。因此崔述批評說，兩書成篇抄錄《荀子．禮論》、《禮記．樂記》，「皆與漢事不相及。豈不與『封書』、『平準』等書為自亂其例乎」[53]？成篇地抄錄「與漢事不相及」的語句來敷衍成文的人，與其說是司馬遷，還不如認為是某個既欲補書缺文，又苦於無事實可述的好事者。又，今本〈樂書〉記漢初禮樂之制曰：「高祖過沛，詩侯之章，令小兒歌之。高祖崩，令沛得以四時歌儛宗廟。

53 《史記探源．十》。

孝惠、孝文、孝景無所增更，於樂府，習常隸舊而已。」在這裏，史文根本沒有交待所「習」、所「隸」的「常」、「舊」究竟指何者而言。對照《漢書．禮樂志》，在此段文字之前，先已敍述叔孫通因秦宮樂人而制定宗廟樂，有〈嘉至〉、〈禮至〉、〈登歌〉、〈休成〉、〈禮安〉及楚聲〈房中祠樂〉等樂曲；孝惠時改編〈房中祠樂〉為〈安世樂〉。是知班固所謂「文景之間，禮官肄習而已」，系指襲用上述樂曲而言。很明顯，〈樂書〉的補撰者是暗用《漢書．禮樂志》之文，但抄得不完全，反而抄出了破綻。所以在討論《史記》時，引用三書作為依據是很危險的做法。

《史記》的另外五書，分別記載了直到漢代前期為止華北社會在天文、曆法、水利、經濟生活和「用事於鬼神」等領域內的集體經驗。

根據東漢張衡的說法，經當時人計點過的「微星之數」大約有一萬一千五百二十顆之多；其中已能辨識的有兩千五百顆，由航海者（大概主要是南部中國的人們）認定的諸星未計入在內。在為數兩千五百的諸星中間，共有一百二十四個「常明」的星座，而已經命名的星座則共達三百二十個[54]。這些數字似乎都有些過大。因為據《晉書．天文志上》，晉武帝時命太史令陳卓統計星宿之數。他將戰國時甘德、石申、巫咸三家的數據相加，所得「大凡兩百八十三官（官即星座。按該數字或當作兩百八十四），一千四百六十星」。但是這兩個數字都包含了重復計算的成分。茲將三家數據分列如下[55]：

54 《晉書．天文志一》引張衡語：「張衡云，中外之官常明者百有二十四，可名者三百二十；為星兩千五百，微星之數蓋有一千五百二十」。是此處「可名者」仍係指「中外之官」而言。李約瑟以為這是在說星的數目，似誤。見李氏（Joseph Needham）《中國科學技術史》卷三，「數學與天體和地球科學」，劍橋大學出版社，一九五九年，頁二六五。

55 李約瑟前揭書，頁二六五。

	星座數	星數
甘德	一一八	五一一
石申	一二二	八〇九
巫咸	四十四	一四四
小計	四八二	一四六四

三家當中，石申的兩個數據最大。馬續在《漢書．天文志》裏說：「經星常宿中外官凡百一十八名，積數七百八十三星。」是與石申的記錄最為逼近。從司馬遷《天官書》的原文，已無法統計當時已知諸星的數目總和。因為他沒有對每一個星座都給出確鑿的星體數字，諸如「軫為車，主風」，「奎曰封豕，為溝瀆」，「婁為聚眾」等等。但是從馬續的《漢書．天文志》幾乎全文襲用《史記》有關「經星常宿」的記載（少數地方也有一些改動），仍可以推知後者已基本上反映了漢代天文知識的整體面貌。甘德等人的星經佚失之後，《天官書》成為記錄先秦至西漢天文學史最翔實珍貴的文獻之一。

對於幾乎完全是由農業經濟來支撐的華北社會來說，曆法和水利的重要性不言而可知。司馬遷強調：「律曆更相治，間不容翲忽」；「甚哉，水之為利害也」。他有「從負薪塞宣房」，即隨從武帝親歷治河祭典的真切體驗。所以他在歷述導河塞決的工程史時能深得要領。《河渠書》用不到一千六百個字，敍述從「禹抑洪水」到漢武帝親臨河決、作「瓠子決兮將奈何」之歌的千餘年治水史，居然能講得有血有肉，絲毫不令讀者有局促之感。這篇文字非常突出地表現出司馬遷敍事從容的天才。

相比之下，《曆書》就寫得有一點不盡如人意了。《史記》寫作的時代是中國歷史上從長期行用四分曆（即以三百六十五日為一回歸年）而改用新術制曆的重要階段。武帝元封七年（前一〇四），西漢政府下令行用鄧平、落下閎及唐都等人所造新曆。是年改元太初，新曆也以太初命名。與四分曆以二十九又四九九／九四〇日為一朔望月不同，太初曆「一月之日二十九日八十一分日之四十三」[56]，即以二十九又四十三／八十一日為一月。太初曆中經劉歆修正，前後連續使用一百八十多年。奇怪的是，儘管司馬遷在《太史公自序》的最後部分裏聲稱，關於治曆之學，「五家之文怫異（按此當指黃帝、顓頊、夏、殷、周之曆雖都是四分曆，仍多互相悖異之處），維太初之元論」，但他在《曆書》後半部分的〈曆術甲子篇〉中處理每年冬至的天文資料時，其實並沒有採取太初曆的演算方法，而仍然以四分之法來推算大餘、小餘。因此，梁玉繩在《史記志疑》裏推測說，〈曆術甲子篇〉非《史記》所原有。他以為，「此乃當時曆家之書，後人謬附增入太初等號、年數。其所說仍古四分之法，非鄧平、落下閎更定之太

56 《漢書》卷二十一〈律曆志上〉。

初曆也」[57]。阮元讚同的則是另一種看法。他引述元人朱禮論太初算術說：「司馬遷與鄧平同定其法，當時以為最密。而《史記》反去太初日分之術，而用古法九百四十分。據《漢書》太初術，建星進退於牽牛之度。知太初術疏而不密。故史遷有意不用其法。」施之勉《史記會注考證訂補》引，台北：華岡出版公司，一九七七年，頁四百九十六。據《漢書．律曆志》，司馬遷曾與公孫卿、壺遂一同建言修訂已經「壞廢」的「曆紀」；鄧平、唐都、落下閎等新造太初曆後，又

57　張文虎《校勘史記集解索引正義劄記》卷一引。《曆書》載錄的《曆術甲子篇》以太初元年為「甲寅」之年（按「漢志」記為丙子，是），在解讀方面頗使學者感到困惑。平勢隆郎認為，《曆術甲子篇》或為司馬遷在太初改曆時提出的一種未被採納的建議。它堅持四分曆的框架，但放棄了觀星定位時的「贏」、「縮」之說，因而也就相應改變了木星紀年法的推算方法。據此，因上年冬至超辰而居於醜位的木星，在太初元年末應次於子位，於是與之對應的太歲位置，也就應該處於兩星沿醜未線為交會軸的寅位。這就是〈曆術甲子篇〉謂當年太歲在寅的意思。採用這個新方法，也就意味着自超辰之年後，原先的太歲紀年之術已不再生效，所以寅與甲重新組成新一輪的干支。是太初元年計為甲寅。後漢重新使用四分曆時，這份資料才引起人們的重視。所以又在原來文本上附加了漢朝的年號。見平勢隆郎前揭書，頁四十一—四十七。

「詔遷用鄧平所造八十一律曆」。朱禮說司馬遷曾與鄧平「同定其法」，或即據司馬遷所謂「餘與壺遂定律曆」（《史記·韓長孺列傳》「太史公曰」）之語。此不甚確。詳下。太初曆的日分之術，確實不比古法更精確。試比較兩者與今測朔望月所含日數的差距大小：

標準數值	29.530588
四分曆日數	29.530851（=29 又 499/940）
太初曆日數	29.530864（=29 又 43/81）

同樣，太初曆對一回歸年所含日數的推算也不比四分曆見優。這也許就是司馬遷不願採納新法的原因。還有人懷疑新法「以律起曆」，「律容一龠，積八十一寸，則一日之分也」；司馬遷嫌惡這種用音樂原理附會曆術之學的方法，因而雖在太史公的專業職位上受詔遵用八十一分律曆，卻在自己的私著中對之保持沉默。但是〈太史公自序〉對《曆書》的讚語明言：「律居陰而治陽，曆居陽

而治陰；律曆更相治，間不容翲忽。」他似乎是承認律曆之間具有某種內在相關性的。所以這個說法，頗難成立。

太初曆的意義，無論如何是被司馬遷低估了。「它的朔望月和回歸年的數據雖說不比四分曆精確，但（它）有以下顯著進步：一、以正月為歲首，以沒有中氣的月份為閏月，使月份與季節配合得更合理；二、將行星的合會周期測得很准，如水星為 115.87 日，比今值 115.88 日只小 0.01 日；三、採用一百三十五個月的交食周期，一周期中太陽通過黃白交點二百三十一次，兩年為一食年，即一食年＝344.66 日，比今測值 346.62 日大不到 0.04 日。」[58] 或許正是因為司馬遷與其同事在曆術問題上的意見分歧，導致他最終沒有參與太初曆的制定，並且在《曆書》裏對它殊少反映。他把在自己的著作中保存中國歷史上第一部「有完整文字記載的曆法」的機會，拱手讓給了《漢書．律曆志》的作者馬續。是豈尺短

58 《中國大百科全書．天文學卷》，北京：中國大百科全書出版社，一九八〇年，頁五六五。

寸長，千慮一失之謂歟！

天文知識在超越災祥兆示的意義上進入歷史思考的範圍，對長過程歷史觀的成熟也有某種促進的作用。先秦時形成的一個最受人注目的時間段單元，是五百年。以五百年為一個周期的觀念究竟是如何起源的，現在大概還不容易說清楚。但是至少到了戰國中葉以後，隨着觀察「惑星」運行的占星術之發展，五百年的周期就應當被與木星、土星和火星在天穹相聚的周期即 516.33 年之數聯繫在一起了[59]。類似的時間段在司馬遷的時代更形成為一個系列組合。如前文已引述過的，司馬遷列舉「天運」流變的時間段說，三十歲小變，百年中變，五百載大

59 李約瑟前揭書，頁四〇八。在中亞，可能起源於薩珊王朝的星占術所關注的，則是木、土兩星在同一「三宮」中會聚的周期。據穆斯林天文學家阿卜．馬烏沙爾．阿勒．巴里黑的推算，該周期長度為 245.9 年；也就是說，正好相當於「五百載」的一半。它的來臨，據說同樣會伴隨人間重大的政治或宗教變動。參見肯尼狄（EdwardS.Kennedy）《基於成吉思汗經歷的一部星象史》，載同氏《中世紀穆斯林世界的天文學與星占學》，海姆耶，艾爾德肖：阿希蓋特出版公司，一九九八年。

變，三大變一紀，三紀而大備。這裏的三十之數，應來源於六十干支之半，五百為三星合聚的周期年數目。三大變為一紀，則與章、蔀、紀的紀年法有關。在東、西方歷史上，十九回歸年都是一個重要的時間單元，因為它可以使被它包含的全部太陰月都保持完整，即含有三百三十五個完整無缺的太陰月。也就是說，十九與每回歸年所含日數之乘積，幾乎正好可以被一個太陰月所含日數除盡。戰國之初的人們已懂得以十九年置七閏月的曆術，大約一百年之後，將置閏法與大小月配置一起解決的「連大法」（即「七十六年法」）也發明了。是漢人以十九年為一章，四章為一蔀，二十蔀即一五二〇年為一紀，又稱一遂或大終。這裏的一紀之數又與三大變之積年略等。而三紀亦即四五六〇年，是為大備[60]。天體經行，四時運轉，人類社會變遷的律動，之所以能這樣被綜合地反映在司馬遷的歷史敘事之中，乃是因為歷史在本體論意義上被看作是與天文學相互貫通的，二者

60 李約瑟前揭書，頁四〇五—四〇六。

共用種種闡釋性假定和方法論言辭。狄考斯莫認為，將天文推算引入對歷史現象的理性化敘述，體現了司馬遷身為歷史學家的一個「革命」方面[61]。

《史記》用兩個篇章，即〈平準書〉和〈貨殖列傳〉，專門記載社會經濟史。「平準」一名得自桑弘羊策動的武帝時代以國家壟斷為主要動機的經濟政策。該篇恰恰以「烹弘羊，天乃雨」的讖語作結句，很難說只是一種無意的巧合而已。書從漢初經濟由凋敝走向繁榮寫起，繼而說到因繁富而生驕溢奢侈之心；因驕溢而廣開邊功；因兵革數動而府庫虛竭；因國用不足，遂賣爵贖禁錮而使吏道漸雜、官職耗廢，行鹽鐵專賣、算緡告緡而言利深刻之臣乃布列朝廷。這一系列政策的後果，是民愈貧而國愈富。「商賈中家以上，大率破。民偷，甘食好衣，不事畜藏之產業；而縣官（按指天子）有鹽鐵緡錢之故，用益饒矣。」最後，作者借記述某年小旱求雨的情節，輕輕拈出上舉六字點睛之語。每一個細心的讀者，

---

61 狄考斯莫前揭書，頁二六五–二九二。

在這時都會懷着急切的心情，想知道司馬遷在篇末的「太史公曰」中，將如何評價這一段當代經濟史。但是與他的一貫做法不同，司馬遷在這裏，只是對唐虞殷周至秦代的經濟政策作了一番簡短的回顧。就像是增加在「漢興，接秦之弊」的本篇起首語之前的一段序言。不過他還是在這段話的最後，借批評秦王朝經濟政策的口氣寫道：「古者嘗竭天下資財以奉其上，猶自以為不足也。無異故云，事勢之流，相激使然。曷足怪焉！」對國家刻薄百姓的現象，本不必費心去追究什麼特別的原因，只須一睹眼前的武帝政府如何在事勢相激之下走到「令吏坐市列肆，販物求利」的地步，便知這實在不足為奇！他就這樣繞了一個彎子來指斥「今上」。

但是司馬遷還不滿足於這樣說。所以他又在〈貨殖列傳〉的一開頭，在揭明老子主張的「至治之極」早已過時，「必用此為務，挽近世，塗民耳目，則幾無行矣」之後，更斷然指出，對民間以工商邀利求富的積習，「善者因之；其次利道之；其次教誨之；其次整齊之；最下者與之爭」。如果說〈平準書〉的結語其實只能算是它的篇首序言，那麼它真正的結語，好像是被司馬遷轉移到了〈貨殖列傳〉的開篇之處。「最下者與之爭」，難道不正是對「烹弘羊，天乃雨」最好的注腳嗎？

〈貨殖列傳〉與《史記》最末的其他幾篇列傳一樣，不能完全以人物合傳視之。〈龜策列傳〉的合傳部分是已經遺失了。而其篇首以「太史公曰」開頭的那一長段文字是否司馬遷原作，亦頗不易判定。劉知幾所說「龜策所記，全為志體」，不知其所指是否也包括開頭的這一段文字在內。但帶「志體」（就《史記》而言，應改稱「書體」）特徵的列傳，恐怕不止這一篇而已。此外，至少《儒林列傳》和《貨殖列傳》也部分地帶有「志體」的性格。後者文字中最足珍貴的部分，就是對當日中國各大區域的經濟文化面貌的系統描述。它與先於它的《尚書．禹貢》及後於它的《漢書．地理志》的風俗部分一起，成為關於先秦與秦漢中國經濟─文化地理最重要的歷史文獻。茲將〈貨殖列傳〉所劃分的經濟─文化區域列舉如下：

（一）關中，（二）巴蜀，（三）天水、隴西、北地、上郡，（四）三河，（五）種代，（六）燕，（七）上穀至遼東，（八）齊魯，（九）梁宋，（十）西楚，（十一）東楚，（十二）越，（十三）南楚，（十四）九嶷、蒼梧以南至儋耳。

在以上諸區域中，天水、隴西、北地、上郡，種代，上谷至遼東三區處於華北旱作農業與其更北面的遊牧、漁獵區的交界處。南部中國的「越楚」（包括越和三楚）屬於稻作文化區，它與華北旱作農業區的交界在「楚夏之交」的「陳」地。司馬遷寫道，與華北核心地區地狹人眾、經濟文化與社會關係發達的情形頗多反差，「楚越之地，地廣人稀，飯稻羹魚，或火耕而水耨。果隋蠃蛤，不待賈而足。地勢饒食，無饑饉之患。以故呰窳偷生，無積聚而多貧。是故江淮以南，無凍餓之人，亦無千金之家」。九嶷、蒼梧以南則屬「揚越」地區，「與江南大同俗」。而閩中為於越之地。在不到一千一百字的篇幅中間，司馬遷相當詳細地介紹了華北各核心地區的自然環境、經濟狀況、謠俗土風、通商要道和名城大都，而後由北而南，述及三楚、諸越地區。就像是一幅用語言呈現的經濟—文化史地圖，〈貨殖列傳〉裏的這一段落，可以說是全部《史記》中最經典的文字之一。〈貨殖列傳〉對商人的描述，很有一些人不喜歡。他們認為這反映了司馬遷豔賈崇利的庸俗取向。然而，要不是〈貨殖列傳〉留下的這幾個有名有姓、有血有肉的商人形象，對於古典中國極其活躍的商賈群體，在我們的印象裏，不是就要變成一群五官不全的「無臉鬼」了嗎？

社會經濟、特別是工商業的歷史狀況，既是〈平準書〉，又是〈貨殖列傳〉的主題；那麼它們是如何被分割在這兩個篇章裏的呢？似乎前者着眼於國家政策與社會經濟之間的關係，後者則關注經濟活動自身及其與「謠俗」之間的關係。如果說日後脱胎於八書的「志體」往往以政府的各種制度設施為記載對象，那麼至少從現在可以見到的五書來看，《史記》並沒有為正面地記載作為國家行為的各種「經制」設置專門的篇幅。此種判斷也完全適用於五書中最使後人感興趣的〈封禪書〉。

〈封禪書〉中所隱含的作者立場相當複雜。它以表面看來很中性平淡的語言，細數武帝如何在封禪事神的問題上一次又一次地受方士愚弄，「然羈縻不絕，冀遇其真」的經過。這些事實本身，或許就可以看作是對漢武帝佞神淫祠的揭露和批評，這當然是沒有疑問的。但如果因此就把〈封禪書〉看成僅僅是一篇指斥迷信的檄文，則又未免把司馬遷的態度過於簡單化了。儘管因為近世「封禪用希，曠絕莫知其儀禮」，故而「群儒既已不能辨明封禪事」，但是司馬遷與他同時代的許多人一樣深信，這是一種來歷久遠的古制。「自古受命帝王，曷嘗不封禪？」司馬遷的父親，由於身為太史而不得隨行武帝「建漢家之封」，竟至「發憤且卒」。《史記．太史公自序》記司馬談臨終，執遷手而泣曰：「……今天子接千歲之統，封泰山，而餘不得從行。是命也夫！命也夫！」司馬遷這樣鄭重其事地記錄父親對不能參與武帝封禪的遺恨，實際上表明他並不因為封禪說中夾雜了太多的虛妄而將它本身也看作是一種自欺欺人的把戲。正如他雖批評「星氣之書，多雜禨祥，不經」，但他的〈天官書〉表明，對那些「驗於軌度」的天象之形見應隨，他其實是相信的。如果上面的分析尚能貼近實相，那麼司馬遷對武帝封禪的複雜態度，至少應由以下三層見解構成。

武帝封禪具有充分的歷史正當性。從今存文獻看，封禪之說最早見於托名管仲的《管子》書裏，原應出自齊地的神仙方術學說，而被秦始皇採納為國家典禮。但是漢人普遍相信它是一種古已有之的重大的祝祠之事。梁玉繩說：「太史談且死，以不及封禪為恨；相如且死，遺封禪書以勸。當時不獨世主有侈心，士大夫皆有以啟之。」中井積德也寫道：「雖遷亦未知封禪之為非也。是漢儒之通病矣。」[62]不過封禪又是不能輕易舉行的。司馬遷說，即使「受命而王，封禪之符罕用」。他列舉行封禪所必須具備的條件包括：受天命而治；「萬靈無不禋祀」；所治之地臻於泰山；治而有德；德洽而多歷年所。〈封禪書〉歷述漢初史事的部分，實際上在強烈地暗示，由漢舉行封禪的歷史時機，在武帝時已經完全成熟了：劉邦斬白蛇而神母泣，秦始皇見東南有天子氣，這是漢當代秦的符徵；

62 見施之勉前揭書，頁一七三七。

高祖禱枌榆社、祠蚩尤，又以祠祝官及女巫廣祀天地、五帝、杜主、堂下、九天、河、南山、秦中，並令郡國縣立靈星祠祭后稷，是萬靈皆得禋祀矣；歷文景而至武帝，則濟北王獻泰山，常山王籍廢，而五嶽皆在天子之邦，是功至梁父矣；武帝之初，「漢興已六十餘歲矣，天下乂安，薦紳之屬，皆望天子封禪，改正度也」，是漢已德洽而時暇矣。接着又發生獲一角白麟和神鼎復現於河東的瑞應。武帝這才振兵釋旅，封泰山而禪肅然。這時離他初即帝位，已有三十年了。與秦始皇登泰山的情狀完全不同，封禪之際，「泰山無風雨災」；「其夜若有光，晝有白雲起封中」，而江淮間則「一茅三春」。我們很難將上面引述的這些記載全看成是司馬遷的暗諷之詞。它們只能表明，在司馬遷看來，武帝的封禪是很成功的。

然而漢武帝所冀望於封禪的，除增延漢祚之外還有他的私人動機，即以封禪求益壽不死，或與神通。所以他會感慨：「誠得如黃帝（按指化去不死），吾視去妻、子如脱屣耳。」他為「候祠神人，入海求蓬萊」，一再受騙而至死不悟。

這一點也被司馬遷一一如實地記入〈封禪書〉裏。他或許對武帝的這種行為深不以為然。但從班固的《漢書．祭祀志》差不多全文抄錄〈封禪書〉中的這些內容來看，漢人也許並不像現代人對此類記事的閱讀反應那樣，直接就會將它們理解為是在抨擊「武帝所興為者，皆墮誕罔中，不待一二論說也」[63]。司馬遷生活在一個人可以因「腹誹」的罪名被處死甚至滅族的時代。在事關當代的問題上，他不大可能把這種危險的意識太明顯地暴露在自己的著作中。

那麼，司馬遷對武帝封禪的肯定，是不是意味着他全面地讚同形成於戰國、最早實現於秦、而在漢武帝手裏最終確立的君主專制的中央集權的統一國家體制呢？《史記》通過對春秋戰國至於秦漢的政治變遷過程的系統歷史敘事，表明由先王聖人「則天」而制定的分封體系及其政治、社會和文化秩序，已經隨着變化的時勢而無法挽回了。在這種情況下，統一的專制君主官僚制國家的出現成

63 施之勉前揭書，頁五五六；所引文尚可見宋洪邁《容齋隨筆》「續筆」卷九「文字結尾」條。

為歷史自身的選擇而絕難避免。他說：「秦取天下多暴。然世異變，成功大。傳曰『法後王』，何也？以其近己而俗變相類，議卑而易行也。學者牽於所聞，見秦在帝位日淺，不察其終始，因舉而笑之，不敢道。此與以耳食無異。悲夫！」（《史記．六國年表序》）但是另一方面，司馬遷極敏銳地體察到，這一新的統治體制很容易導致，甚至它本身就天然地帶有獨裁或暴政的傾向。對新體制暴力性格的警覺、憎惡與切膚之痛，使他懷念甚至呼喚理想中先王時代的禮治、仁政和分封制下的和諧。他批評「秦絕先王之道，殺術士，燔詩書，棄禮義，尚詐力，任刑罰」，聲言項羽的失敗在於他改變了初起義時的分封政策而不肯事古；他宣稱：「奉職循理，亦可以為治，何必威嚴哉！」他甚至用「變古亂常，不死則亡」來指責晁錯的用法刻深，尤其是他的削藩主張。卜埃特概括司馬遷歷史觀中對立的這兩個側面說：

雖然有些勉強地追隨着《商君書》一類著作，司馬遷認識到時代業已變化，由於舊有秩序在戰國時代已完全崩潰，引入集權帝國的種種制度已經很不幸地成為必需。然而，司馬遷同時仍在通過道德框架的透鏡解讀歷史，在上述道德體系中，師法古代聖人者興，否則便敗亡。[64]

64 卜埃特（Michael Puett）《創造的悖謬：早期中國圍繞人的發明與計謀的辯論》，斯坦福：斯坦福大學出版社，二〇〇一年，頁二〇二。按本書聚焦於戰國至漢初的人們圍繞着怎樣看待史無先例的中央集權統一國家這一人為創造問題上的爭論，挑戰關於中國古代文化特點的如下支配觀點，即古代中國人遵循着師法先聖，而聖人則天的理路，把超出從「有機化宇宙」中「復制」或「提取」人間社會原則之範圍的自主性創造視為非道德行為，因而古代中國文化缺乏對於自然與人類自主創造之間存在着緊張的意識。司馬遷對秦漢帝國歷史合法性的討論，在該書中占有重要地位。因為作者認為，司馬遷對帝制興起的歷史同情與道德批判，表明他已充分意識了上述那種「無法解決的緊張」。不僅如此，《史記》在展示由秦王朝所創造的帝國體制如何在漢代獲得最終復興的過程中，賦予上述緊張以一種新的解釋，從而完成了他為無情地切斷歷史延續性的帝國體制所進行的合法性論證。本書似乎在將司馬遷過分「歷史哲學化」的同時，完全忽略了當時另一位真正的「歷史哲學家」即董仲舒。如果卜埃特所概括的認識古代中國文化的支配觀點是準確的，那麼董仲舒將大一統的中央集權專制國家的合法性重新追溯到天的意志，恰恰證明古代中國文化對天人聯繫的認同取向是多麼強烈。

卜氏將此種矛盾稱為中國文化面對「創造的悖謬立場」。司馬遷究竟是否如卜埃特所說的那般明確地意識到這一矛盾態度的內在「緊張」，而且力圖在《史記》中對它從學理上加以說明，似乎還需要進一步的推敲。分封制在他的時代並沒有完全消亡，反而好像更接近「地不過萬里，山海不以封，毋親夷狄以疏其屬」的所謂古制了（《史記．吳王濞傳》「太史公曰」）。他或許覺得這兩種制度之間未必絕對不可相容。他對中央集權制的批判，實際上也不是從「事古」與否的抽象理念推衍出來的。司馬遷畢竟不是一個歷史哲學家或道德理論家。因此，「無論考察者如何迫使其就範，都無法讓他（按指司馬遷）的著作裏生出思想的『系統』」[65]。但有一點是清楚的，他並沒有勢利到唯「時勢」是從的地步。面對無可抗拒的變遷而恪守對於現實的批判意識，這應當是他的作品之所以會至今充滿人格魅力的重要原因之一。

65 杜蘭特前揭書，頁一一三引華森（Burton Watson）語。

現在讓我們回到八書與後世「志體」之間的差異問題上來。《封禪書》篇末的讚語寫道：「……於是退而論次自古以來用事於鬼神者，具見其表裏。後有君子，得以覽焉。若至俎豆珪幣之詳，獻酬之禮，則有司存。」很明顯，司馬遷要把《封禪書》寫成一篇「自古以來用事鬼神」的政治 - 社會文化史，而不想屑屑於典章制度的具體細節。這也許反映了他對八書的總體設想。此種設想，是否跟他有意與政府體系保持一定距離的立場也具有某種內在的關係呢？

所謂重現「多層面的過去」，不僅是指歷史過程的不同側面而言，而且也意味着從不同的歷史視角去觀照同一主題的事件或人物，或者有意識地保存關於同一主題的不同記載。學者們注意到司馬遷在《史記》各卷末的讚語與全書末《太史公自序》所附的各卷寫作旨意，立論斷制往往不同。例如他顯然不喜歡商鞅的個人性格和他數變其說以自售的投機行跡，所以《史記．商鞅列傳》的讚語寫道：「其天資刻薄人也，跡其欲干孝公以帝王術，挾持浮說，非其質矣！且所因由嬖臣，及得用，刑公子虔，欺魏將卬，不師趙良之言，亦足發明商君之少恩矣！餘讀商君『開塞』、『耕戰書』，與其人行事相類。」可以說通篇沒有一句好話。但是在〈太史公自序〉最後敘各篇主旨時，他又說：「鞅去衞適秦，能明其術，彊霸孝公，後世遵其法。」可見他並沒有因為自己對傳主的個人好惡而隱蔽了在更大的歷史格局中為他作出客觀定位的意識。《史記》立〈呂后本紀〉一直為後人詬病，但最近的出土資料表明，當時確曾以「高後」紀年，是證司馬遷不過實錄而已，沒有什麼可以指責的地方。〈呂后本紀〉篇末讚語曰：「孝惠皇帝、高後之時，黎民得離戰國之苦，君臣欲休息乎無為。故惠帝垂拱，高後女主稱制；政不出房戶，天下晏然。刑罰罕用，罪人是希。民務稼穡，衣食滋殖。」〈太史公自序〉則點出諸呂集團在權力爭奪中的種種醜惡：「惠之早霣，諸呂不台。崇彊祿、產，諸侯謀之。殺隱幽友，大臣洞疑。遂及宗禍。」〈呂后本紀〉的讚語和敘言所強調的重點，正好與〈商鞅列傳〉的讚敘相反，但它們同樣體現了司馬遷兼顧主觀上的道德判斷與外在歷史邏輯呈現的用心。這一類例證在《史記》裏不勝枚舉。

前面已經提到，《史記》在廣泛利用可以採集到的資料時，還缺乏後來才發展起來的那種越來越精確的史料甄別與考證的技巧。但司馬遷並非對這一點毫無意識。不僅如此，至少是在某些場合，他還有意識地把關於同一話題的不同敘事保留在自己的作品裏。或許這種做法與雜家對他的影響不無關係。《史記．孔子世家》記老子在告別前去造訪他的孔子時說：

吾聞富貴者送人以財，仁人送人以言。吾不能富貴，竊仁人之號，送子以言曰：聰明深察而近於死者，好議人者也；博辯廣大危其身者，發人之惡者也。為人子者，毋以有己；為人臣者，毋以有己。

但是，《史記．老莊申韓列傳》記述的老子之言，卻要不客氣得多：

子所言者，其人與骨皆已朽矣，獨其言在耳。君子得其時則駕，不得其時則蓬累而行。吾聞之，良賈深藏若虛；君子盛德，容貌若愚。去子之驕氣與多欲、態色與淫志。是皆無益於子之身。吾所以告子，皆是而已。

在如此事關重大的主題上，司馬遷絕不可能對他重複同一個故事而使用了差異相當大的敘事毫無察覺。過去在不同回憶者的言語中經常會有不同的表現。司馬遷試圖保留這些差異的意識，應該說是極其珍貴的。

八

《史記》關於世界的觀念，在中國思想史上也具有很重要的地位。在這個方面，歷史贈予司馬遷一個十分難得的機會：西漢武帝時代大規模的對外戰爭、疆域擴張和外交聯繫，極大地增進了當日中國人對「中國」版圖之內及其外部世界的地理知識的了解。長城以外，西漢軍隊多次深入大漠以北今蒙古國的草原；在西方，張騫「鑿空」、李廣利征大宛帶回了有關中亞、南亞和西亞各國的極豐富的情報；在西南，漢滅滇國，置犍為、越嶲、牂牁、益州等郡於今川南滇黔之地，於是漢人得悉自巴蜀東南經由夜郎至於嶺南、自其西南經由滇西而通往南亞的實情。中國人所能確切地加以了解和認識的「六合」，前所未有地變得廣袤起來。我們簡直可以把漢武帝在位的半個多世紀看作是古代中國「地理大發現」的時代！

大量新鮮的域外知識，究竟對《史記》想像華夏以外的世界留下了何種性質的印記？為回答這個問題，我們必須先簡要地回顧一下中國人迄於此前的有關認識。

漢初人的地理觀，是由兩個最基本的層面迭合而成的。這兩個層面，各自都有極久遠的來歷。

第一個層面把「六合之間，四極之內」的「地形之所載」，想像為由內朝外向四方作平面推展的一系列「純方千里」的等面積地域單元，分別稱為九州、八殥、八紘。八紘之外各有一座大山，是為八極[66]。我們知道，在此之前中國早已有「海內之地，方千里者九」的說法。九州、八殥、八紘的地理模式，與鄒衍的

66 《淮南子》卷四「墬形訓」。至於八極以外又是什麼，此說未曾言及。

「大九州」之說，乃至《尚書・禹貢》中按山川形勢劃分的九州，或許都可以看作是按不同的思路對最早的海內九州的觀念作邏輯推衍的結果。

另一個層面則將天地之間想像為一個具有等差序列的地域結構。粗略地說，在漢初，這個差序性的地面世界由以下三個等級的地域構成：一是「中國」，由華夏核心地區以及中央王朝版圖內的「蠻夷」地區構成；二是環繞在「中國」邊緣的「夷狄」地區；以上二者合而為「海內」世界。三是越出「海內」範圍的更加奇形怪狀的「海外」國家，《淮南子．墬形訓》總共列舉出三十六個這樣的國家。

上述等差式的地理模式，顯然也不是新近才產生的。《尚書．禹貢》以王所在地的周圍「五百里」劃為甸服，其外亦以每五百里為間隔，依次劃出侯服、綏服、要服、荒服等四個越來越大的同心圓圈。王的權力雖然可以輻射到五服全地域，但隨着與權力中心距離的增大，邊緣地區與王的關係明顯是層層疏遠了。

這一等差性領土結構還有另一套稍微更複雜一點的名稱系統。《逸周書．職方》（《周禮．夏官．職方氏》同）說，在「方千里曰王畿」之外更有九服，以五百里為界，由內到外分別是侯、甸、男、採、衞、蠻、夷、鎮、藩等服。《尚書．康誥》簡略提及的「侯甸男衞」，《尚書．周官》提及的「侯甸」、「六服」等語，大概都屬於這個等差系統。它與前述五服系統最大的不同，是把五服中列為「邦內」的「甸」劃到邦外之侯服的更外層。《荀子．正論》和《國語．周語上》關於五服的說法與《禹貢》大體相同，不過二者都把第三服稱作「賓」服，而未用綏服的名稱。但是對我們現在的討論而言，最有意思的是，它們都明確宣稱，「蠻夷要服，戎狄荒服」。這正是一幅典型的內夏外夷的地理分布圖，不過此處尚未言及「海外」各種更帶有虛妄的傳說性質、亦即更少人間氣息的群落集團而已。

內夏外夷作為一種實際的地理分布狀況，大致形成於春秋、戰國之際。《國語·鄭語》論西周末年成周四方的華夷形勢說：

當成周者，南有荊蠻、申、呂、應、鄧、陳、蔡、隨、唐，北有衛、燕、狄、鮮虞、潞、洛、泉、徐蒲，西有虞、虢、晉、隗、霍、楊、魏、芮，東有齊、魯、曹、宋、滕、薛、鄒、莒。是非王之支子、母弟、甥舅也，則皆蠻夷戎狄之人也。

可見在此時的華北核心地區，華、夷諸人群是互相錯雜分布的。但這種局面在此五六百年之間發生了極大的改變。《左傳》「定公十年（前五百）」記孔子之言，把夷人叫做「裔夷」。他聲稱「裔不謀夏，夷不亂華」。以「裔」（即邊裔）、「夷」對舉，表明當日的蠻夷已被位置於華夏的邊緣地區。換言之，隨着華北核心地區的夷狄不斷華化，或則被排擠到周邊外緣地區，「內夏外夷」逐漸由刻畫諸夏文化態度的固定言說而兼有了陳述北部中國民族分布格局的涵義[67]。到戰國時，夷夏關係在各諸侯國大體都已轉變為邊防的問題。不過到這時候為止，所謂「夏」還是一個復數的概念，所以還叫「諸夏」。

---

67 「內夏外夷」作為一種文化態度，之所以會在諸夏人群中形成，或許與下述原因密切相關。即較早發達的「諸夏」文化，突起在一個地輿極其廣袤，然而又因東漸大海、西披流沙、北阻戈壁、南絕崇嶺而相對隔絕的空間範圍內。這就很容易使得諸夏的人們將這個空間看作就是整個人類世界（「天下」），並把自己相對發達的文化形式看作「天下」唯一的文化。於是自我與他者之間的文化差別，就不再是不同種類的文化，而被認為是唯一形式的文化之不同發展階段之間的差別。換句話說，諸夏共同體之外的各種人群，都被看成是在人格和品質上低於華夏的不完善的人。於是就在諸夏一方產生了「夷夏之別」乃至內夏外夷的立場。當然，這裏還涉及另一個問題，即從公元前二十世紀起，中國史前文明多頭起源、多元發展的形勢，為何以及如何被「三代」在華北突起的局面所改變？對此目前還難有令人滿意的解答。也許正是由於華北黃土地帶易於墾殖而生活資源又相對匱乏，迫使那裏的原始人群必須、並且也有可能不斷地擴大自己的生存空間，由此便極大地提高了各人群內部以及他們之間社會互動的程度。而後者又推動着那裏的社會控制與社會動員的幅度和技術都以超越上古中國其他地區的規模發展起來，成為將華北的史前文化最終地提升為一種新文明的最重要牽引力。參見趙輝《以中原為中心的歷史趨勢的形成》，《文物》二〇〇〇年第一期。

中央集權式統治技術在戰國中後葉的發明與完善，使各諸侯國可能將這一新的統治技術與西周分封制下「普天之下，莫非王土」的政治理想結合在一起，爭相去追求建立君主專制的中央集權統一國家的目標。於是春秋時代旨在保存王政、維持「諸夏」多國體制的爭霸戰爭，轉變為取代王政、力圖摧毀其他諸夏國家的兼併戰爭。隨着秦統一中國，「諸夏」觀念中的復數因素終於被排除出去。「天下」以中國這個統一國家為中心，事實上，中國成為「天下」唯一的真正國家；在它的周邊，則是各種文化上落後、政治上不同程度地依附於中國的邊緣人群。

關於「天下」的這種意識形態化的政治言說，基本上將其關注點限制在「海內」的範圍，即把天下等同於「海內」。中國不但在天下之中，而且也是海內世界的主體。中國之外的蠻夷世界全被壓縮在天下的邊緣。這很像是一條線狀的邊緣，至少它的幅員是極其有限的。秦兼併六國的事業，被當時人稱為「並一海內，以為郡縣」，或曰「平定海內，放逐蠻夷」。始皇帝廿八年的琅玡刻石稱：

「六合之內，皇帝之土。西涉流沙，南盡北戶，東有東海，北過大夏。人跡所至，無不臣者。」所謂「北過大夏」，其實僅只「據河為塞」，即以長城為限；「西涉流沙」，更未達於今河西走廊。將秦的如許疆域徑視為「六合」、「海內」或「天下」，表明秦人對「大夏」、「流沙」以外所謂蠻夷地帶的幅度之寬廣，幾乎毫無印象。在這一線之外的「海外」世界，似乎長期地只以民間想像的補充形式而存在。記載有關訊息最為豐富的，當數《山海經》一書。

這部書應該是由不同時期成於眾手的諸多文本拼合而成的，所以其中甚多重複或抵牾之處。大體說來，《五藏山經》和《海內經》所述，基本上是與「五服」相當的現實世界（包括它的邊緣地帶）各區域內地理、風物、對方土神祇的祭拜及占卜等事；從現實進入想像世界的那條交匯線，就隱約擺動在《海內經》和《海外經》所述區域之接界地帶的這一邊或那一邊（確實有不少場合，它開始於《海內經》地盤的外圍區域）；而《大荒經》則在許多地方好像是對《海外經》記載的簡略化、合理化修正，同時又往往為那些據說是中原古「帝王」之後的諸國民人補敍出其所自出之姓氏[68]。因此，戰國秦漢間的人對外部世界的觀念，可以說最集中地反映在《海外經》以及稍後的《淮南子．墜形訓》裏。後一種雜家著作所述「凡海外三十六國」，有三十四個與《海外經》相同。以下所列，斜杠前、後分別為載錄於《墜形訓》和《海外經》中的國度：

修股民／長股之國；天民／先民之國；肅慎民／肅慎之國；

白民／白民之國；沃民／沃之國（《大荒西經》）；

女子民／女子國；丈夫民／丈夫國；奇股民／奇肱之國；

一臂民／一臂國；三身民／三身國；結胸民／結胸國；

羽民／羽民國；灌頭國民／灌頭國；裸國民／《山海經》無

三苗民／三苗國；交股民／交脛國；不死民／不死民；

穿胸民／貫胸國；反舌民／歧舌國；豕喙民／《山海經》無

68　松田稔《〈山海經〉的基礎的研究》，東京：笠間書院，一九九五年，頁十五。

鑿齒民／鑿齒；三頭民／三首國；修臂民／長臂國；
大人國／大人國；君子國／君子國；黑齒民／黑齒國；
玄股民／玄股之國；毛民／毛民之國；勞民／勞民國；
跂踵民／跂踵國；句嬰民／拘纓之國；深目民／深目國；
無腸民／無腸之國；柔利民／柔利國；一目民／一目民；
無繼民／無脅之國[69]

上述國度中的居民，絕大多數屬於古代中國人在着意刻畫截然地區別於自我的「他者」形象時天真而異想天開的杜撰。這些反常的形象往往帶有各種動物的特徵，要麼就是身體異常甚至殘缺者，還有的簡直原本就是華夏邊緣的蠻夷，

69 按郭璞注脅為「肥腸也」，謂「其人穴居土食，無男女，死即薶之。其心不朽，死百廿歲乃復更生」。是則雖人無繼嗣，而其國仍得長久也。據此，兩國之名，其意實有互通之處。一謂脅因與胤字形近而訛，「無胤」即無嗣、無繼之意，故此處「可據《淮南》以校《山海經》」。見張雙棣《淮南子校釋》，北京：北京大學出版社，一九九七年，頁四八五—四八六。

如肅慎、灌頭（即由被放逐的堯臣灌兜演變而成的南蠻）、三苗，乃至《大荒西經》裏的北狄、《大荒北經》裏的犬戎之類。因此我們有理由認為，在這些「他者」形象創造者的觀念中，「海外」是未經文明充分地開化過的各種蒙昧人群的生息地。

不過話還得說回來。《海外經》和《大荒經》裏也記載了不少未必那麼蒙昧的人們。松田稔注意到：

> 《海外經》雖然按南、西、東、北的順序來記述周圍各奇異國度中的稀見動植物，但混雜在那裏面，也有關於在《山經》中已被作為帝來記載、而被傳說者們認為是中原帝王的帝堯、帝舜等人的記述；而且還有對中原人們來說是被當作理想狀態的諸國度的記述。在「海外」四經總計七十九項記事之中，關於帝王的有六項，言及理想狀態的則有七項。

他在一一枚舉上述十三條記事後小結說：

在被認為是對於奇異的異界國度的記載裏，有這樣的關於中原帝王事跡與墳墓的傳說，並且還存在着嚮往中的那種生命長久而衣冠帶劍、秩序整然的諸國。從這些來看，把《海外經》的世界簡單地斷定為未開化的、野蠻的、異類的世界，應當認為是錯誤的。[70]

松田的質疑確實很有挑戰性，但是我們也許不應當忘記，《山海經》採錄的諸多民間傳說，往往有很不相同的言說語境。其中有些傳說資料，很可能反映了

70 松田前揭書，頁十—十三。

上古的人們對超越其現實生存環境而向外在地理空間滲透的極古老幻想[71]。在這一前提下，《山海經》的傳述者們對「海外」、「大荒」之中的某些人群與當日華夏有共同淵源的意識，並不必然地會妨礙他們隨時代的推移而越來越傾向於把那一大片外部世界看作是「海內」蠻夷區域的某種伸延。

事實上，若細讀經松田稔揭出的那十三條事項，即不難發現，所謂中原帝王事跡，除堯、俊、顓頊等人的葬處，以及禹命豎亥「步自東極，至於西極」（按

---

71 清代以來的大部分學者認為，《海外經》、尤其是《大荒經》的寫定年代當晚於《五藏山經》。但即使前兩者的文本寫成於漢代，被採集在其中的諸多傳說資料依然可能是早先歷史時代的遺存物。《大荒東經》記述東海中的「流波山」時寫道：「其上有獸。狀如牛，蒼身而無角，一足。出入水則必風雨。其光如日月，其聲如雷。其名曰夔。黃帝得之，以其皮為鼓，橛以雷獸之骨，聲聞五百里，以威天下。」這一則傳說與身為黃帝大臣的那個夔的傳說相比，其形成年代顯然要更加古老。類似的例證不一而足。該書所採傳說資料的古老性，亦是《五藏山經》的特徵。它的寫成，一般都認為是在戰國時期。但是松田稔揭示出，《五藏山經》中記述的有關動物，其構成狀況與殷墟出土的動物遺存的構成最具相關度；所以前者反映的，可能主要是殷人有關動物的知識。參見松田氏前揭書第二章第一節「《山海經》的動物群」。

文意，則此健行之人只是在「海外」從事步測而已）之外，其所涉多為「小頰赤肩」或「九首，人面蛇身而青」之類的神怪，他們與當日傳說中基本保持人類形狀的神仙大不一樣，反而更接近「三十六國」之民；而處於所謂理想境界中者，同樣是「人面蛇身、尾交首上」，或則為有男無女的「丈夫國」[72]。真正不帶有這種或那種截然不同於凡人的異類特徵的，如「君子國」中人，只在其中占極少數！他們很可能被看作是從遠古偶爾流落到外界、而一仍其舊地保持着古風的個別人群。這種情況應當部分地反映着如下事實，即《山海經》的歷代傳述者們總是在無意識地用後來的觀念不斷汰選或「修正」更早先的傳說。無論如何，「君子國」一類傳說的存在，實不足以改變「海外」世界蒙昧蠻荒的基本品格。流傳民間的各種樸素想像與傳說，就這樣在官方化的「天下」外緣又鋪展出一個廣袤

72 按：與「丈夫國」相對應，同在《海外西經》中的還有「女子國」。依郭注，該國女子不與男交而受孕，若產男，則三歲輒死。所以在女子國中是沒有成年男人的。由此可知丈夫國中亦無女子。故郭注謂此國男子「終生無妻，而生二子，從形中出，其父即死」。

的「海外」世界。然而此種鋪展卻很少以知識上的真實性作為其依據。

漢武帝時代的人們，不僅在對「海內」非華夏地區的了解方面達成了長足的進步，而且在原先「海內」的範圍之外，又發現了一個巨大而真實的人間世界。「從前被位置於神話世界的土地和人群，如今開始獲得各自的實在名稱、特定地形地貌、其他種種自然特徵，及其社會和經濟的不同特性」。於是，如何將描述域外的「神話地理學」轉變為一種「探察地理學」的任務，就被提上了歷史日程[73]。但這裏會碰到一個不可避免的問題：這一片新近進入漢人地理知識領域的外部世界，是否都應當按夷夏等差的觀念框架而被納入「夷狄」的範疇中去？

在這個問題上，《史記》之受傳統夷夏觀的影響，不可謂不深矣。川南、雲貴操壯侗、藏緬等語言群的諸族，就全被它歸入「西南夷」範圍。被漢征服前的朝鮮王其名滿者，雖然據說是「故燕人」，但那裏的原居民仍為「真番、朝鮮蠻夷」，

73　狄考斯莫前揭書，頁二八二—二八三。

所以滿在聚眾「東走出塞」時，先要「椎髻，蠻夷服」（《史記．朝鮮列傳》）。秦漢之際分布於嶺南的南越王族本出於華北，這大約是事實。但由《史記．東越列傳》篇末「太史公曰」所謂「越雖蠻夷」一語可知，作者仍把被南越王「和集」的「百越」（語見《史記．南越列傳》），與東越、閩越同視為華夏以外的僻陋人群。

　　如果說華夏在「中國」即西漢版圖之內居於絕對的支配地位，那麼在司馬遷筆下，中國相對於當日中國之外的全部世界似乎也居於支配的地位。對於後者，《史記》多以「外國」概指之。這裏的「外國」，可以指匈奴，也可以指樓蘭，或者其他各西域國家[74]。以「中國」與「外國」兩相對舉，似乎是從更早先的以「中國」與「負海之國」相對稱的固定言說中轉換出來的。《史記．天官書》記占星之術云：「其（按指太白，即金星）出西失行，外國敗；其出東失行，中國

---

74 《史記．惠景間侯者年表序》云，表內所載「外國歸義封者九十有餘」，是指以匈奴相國、匈奴王、匈奴東胡王等降而見封者，凡十人。「外國」用指西域諸國，見《史記》卷二十，〈建元以來侯者年表〉、卷一百二十三〈大宛列傳〉。

敗。」王先謙補注《漢書．天文志》相應文句曰：「《占經》引石氏：『太白出西方失其行，負海之國敗。』又云：『陽為中國，陰為負海國。』《荊州占》云：『太白出東方失行而北，中國敗；失行而南，負海國敗。』」《天官書》又說：「其（按指辰星，即水星）與太白俱出東方，皆赤而角，外國大敗，中國勝；其與太白俱出西方，皆赤而角，外國利。」據王先謙《漢書》補注，《占經》引石氏語略同，惟「外國」作「倍海國」，「倍猶負也」。《天官書》：「五星分天之中，積於東方，中國利；積於西方，外國用者利。」石氏則曰：「五星分天之中，積於東方，中國大利；積於西方，負海之國用兵者利。」[75]

石申所指之「中國」與「負海之國」，當分別指中州諸國及其周圍的齊楚吳越之屬[76]，兩者都是復數國家的概念，而且在當時都早已屬於華夏國家。但是從其中轉換出來的「中國」與「外國」，卻是一對性質上不相對稱的概念。

---

75 《漢書．天文志》王先謙補注。末句所引石申之語，見《唐開元占經》卷十八。

76 《史記》卷七十〈張儀列傳〉謂：「齊西有強趙，南有韓與梁。齊，負海之國也。」

《史記·大宛列傳》述條枝國之事曰：「在安息西數千里。……人衆甚多，往往有小君長。安息役屬之，以為外國。」足證司馬遷所謂「外國」，實指只有「小君長」的附屬國而言。《史記》對匈奴國家的定位，也印證了「外國」的這一特定涵義。

《史記·建元以來侯者年表序》寫道：「匈奴絕和親，攻當路塞；閩越擅伐，東甌請降。二夷交侵，當盛漢之隆。……自是後遂出師，北討強胡，南誅勁越。將卒以次封侯。」〈天官書後序〉言及元光、元狩後的邊功則謂：「京師師四出，誅夷狄者數十年，而伐胡（按：即匈奴）尤盛。」諸如此類的言辭均把匈奴置於「內冠帶、外夷狄」的傳統的夷夏等差結構之中。上面引述過的〈天官書〉中那幾處「外國」，在《漢書·天文志》的相應文句中都被改寫為「夷狄」。馬續這樣做，看來是深得其前輩旨趣的。

把新近發現的廣袤的域外人煙居處，看作原先官方言說中「中國」外緣之狹窄空間的自然伸延，這在當時應是一種相當普遍的思潮[77]。司馬遷的獨到之處，似乎主要表現在以下兩個方面。一是他力圖將有關域外人群的新事實、新知識納入由「太史氏」成員歷代承襲的解釋框架中去，這樣一個「普遍的平衡結構」，「把天、自然與人事全都囊括在內」[78]。〈天官書〉寫道：「昴、畢間為天街。其陰，陰國；其陽，陽國。」這裏的「陰國」與「陽國」，據前揭王先謙補注《漢書．天文志》所引石申之語，本來分別指「負海國」和「中國」而言，但是司馬遷卻說：「中國於四海內，則在東南，為陽。……占於街南，畢主之。其西北，則胡、貉、月氏，諸衣旃引弓之民，為陰。……占於街北，昴主之。」經過司馬

77 如《史記》卷一百十二〈主父偃傳〉記傳主諫伐匈奴之語，認為須以「禽獸畜之，不屬為人」，更不必「甘心於外國」。又，《史記》卷二十四〈樂書〉錄漢武帝〈天馬歌〉有云：「天馬來兮從西極，經萬里兮歸有德。承靈威兮降外國，涉流沙兮四夷服。」歌詩以「降外國」與「四夷服」等。是「外國」即「四夷」也。〈樂書〉雖非出自司馬遷之手，惟其所言，當非出自鑿空。

78 參見狄考斯莫前揭書，頁二九二。

遷的調整，在本體論意義上與天文學相貫通的上述「普遍的平衡結構」，其空間覆蓋面就被極大地擴展了。另一個方面，《史記》對匈奴前史的追溯雖然不能說十分準確，卻反映出司馬遷力圖遵循着時間軸線，在夷—夏相抗的久遠過程中去認識關於匈奴歷史定位問題的苦心。

把擁有異質文化的人們群體看作「野蠻人」的觀念，在古代大概是十分普遍和自然的現象。而「諸夏」在兼併戰爭中變成一統之國，則排除了華夏文化內部原有的多國體系觀念。在「夷夏之辨」早已深入人心的西漢，我們可能沒有理由苛責司馬遷，說他錯過了利用最新地理資料來扭轉傳統的世界秩序觀的珍貴機會。但是，《史記》以其巨大的文化影響力，事實上又有力地強化了此種以夷夏差序、中國獨大為特徵的世界秩序觀。不能不說，這是《史記》所表現的一種最顯著的歷史局限性。

（本文原載《中國學術》總第二十六輯，二〇一〇年）

司馬遷和他的《史記》

責任編輯：許　穎
裝幀設計：高　林
排　　版：賴艷萍
印　　務：劉漢舉

作者　姚大力

出版　中華書局（香港）有限公司
香港北角英皇道 499 號北角工業大廈一樓 B
電話：（852）2137 2338　傳真：（852）2713 8202
電子郵件：info@chunghwabook.com.hk
網址：http://www.chunghwabook.com.hk

發行　香港聯合書刊物流有限公司
香港新界大埔汀麗路 36 號
中華商務印刷大廈 3 字樓
電話：（852）2150 2100　傳真：（852）2407 3062
電子郵件：info@suplogistics.com.hk

印刷　美雅印刷製本有限公司
香港觀塘榮業街 6 號 海濱工業大廈 4 樓 A 室

版次　2019 年 7 月初版

規格　32 開（205mm×142mm）

ISBN　978-988-8573-29-5

本書繁體版由復旦大學出版社授權出版。